杨红　张天慧　付茜 ◎ 著

文化体验
设计与营销

Design
and
Marketing
of
Cultural
Experience

清华大学出版社

北 京

内 容 简 介

　　本书由三大板块构成：体验经济背景下文化产品与服务的思维变革、文化体验设计及文化体验营销。三大板块内容层层递进，首先以文化产品、服务与体验经济时代的联结为切入点，归纳文化事业与产业思维变革的内在逻辑，及其中与"体验向"趋势的关联；进而论述文化产品与服务体验化、情感化的设计趋势，通过分析"产消合一"式文化产品及沉浸式文化场景服务经典案例，总结文化体验设计的类型及特点；最后着力探寻促进文化消费升级的体验式营销模式，提出了文化体验营销模块化升级的解决方案。

　　本书将文化产品及服务的设计、营销与体验经济这一新型经济形态相结合，为文化产品及服务在新经济时代的发展提供全新突围路径。

图书在版编目（CIP）数据

　　文化体验设计与营销 / 杨红，张天慧，付茜著 . —北京：清华大学出版社，2022.11
　　ISBN 978-7-302-62151-5

　　Ⅰ . ①文… 　Ⅱ . ①杨… ②张… ③付… 　Ⅲ . ①文化产品—产品设计 ②文化产品—市场营销 　Ⅳ . ① G114

　　中国版本图书馆 CIP 数据核字（2022）第 204612 号

责任编辑：王巧珍
封面设计：傅瑞学
责任校对：王荣静
责任印制：宋　林

出版发行：清华大学出版社
　　　　网　　址：http://www.tup.com.cn, http://www.wqbook.com
　　　　地　　址：北京清华大学学研大厦 A 座　　　　邮　　编：100084
　　　　社总机：010-83470000　　　　　　　　　　　邮　　购：010-62786544
　　　　投稿与读者服务：010-62776969, c-service@tup.tsinghua.edu.cn
　　　　质量反馈：010-62772015, zhiliang@tup.tsinghua.edu.cn
印　装　者：艺通印刷（天津）有限公司
经　　销：全国新华书店
开　　本：170mm×230mm　　　印　张：11.25　　　字　数：136 千字
版　　次：2022 年 12 月第 1 版　　　　　　　印　次：2022 年 12 月第 1 次印刷
定　　价：68.00 元

产品编号：098731-01

前言 FOREWORD

2021 年夏秋，北京沉浸在环球影城主题公园开幕的话题之中，特别是年轻人和孩子们。在研究"体验经济"的早期文献中，迪士尼主题公园是核心经典案例。以游客体验设计为己任的这些主题公园，几乎实现了从提供商品和服务转向提供体验，人造景观、游乐项目、实景演出、服务设施、餐饮购物乃至全体工作人员都在为营造游客的体验感服务。在北京环球影城人气最高的"哈利·波特的魔法世界"园区，游客身着魔法袍，一手拿着魔杖，一手端着黄油啤酒，和身后的 9¾ 站台合影时，仿佛完全沉浸在哈利·波特的魔法世界……

体验经济"二十年"

回溯"体验经济"概念的起点，20 世纪，未来学家阿尔文·托夫勒（Alvin Toffler）在《未来的冲击》一书中就提出，服务经济的下一步就是体验经济，体验经济将成为未来经济发展的支柱。1999 年，B. 约瑟夫·派恩（Pine B J）和詹姆斯·

H. 吉尔摩（Gilmore J H）在哈佛商学院出版社出版的《体验经济》中提出，我们的社会经济发展将会依次经过四种经济形态，首先是以初级产品为经济产出的农业经济时代，接下来是以产品为经济产出的工业时代，其次是以服务为经济产出的服务业经济时代，最后是以体验为经济产出的体验经济时代，当前我们正处于体验经济时代……

如果以《体验经济》一书为开端，20 多年来，更多行业、更多企业将自身纳入体验经济的产品制造商、服务提供商的行列，以用户为中心提供的差异化产品和服务使得它们在行业竞争中占领了先机，并在实际运营中不断深化着体验经济的内涵与外延。

在 CNKI 检索"体验经济"，5 757 篇文献跳上屏幕，其中一部分是研究体验经济本身的，更多的则是在分析体验经济带给旅游、贸易、服务业、农业、工业、文化、体育等各行各业的变化。这种变化是显而易见的，也是值得关注的。在体验化趋势之下，商业、服务业的各个环节都发生了体验化转向，体验化服务、体验化营销……当然，各行各业的体验化趋势并不等同于这些行业都加入到体验经济的行列。

所谓的体验经济，需要直接以体验作为产品，用户购买体验并花时间来消费体验，因而它与服务经济并不混同。服务经济的逻辑是让用户购买服务并节约时间成本；体验本身就是产品，而不是用于为产品"增光添彩"的，它已然不再停留于与产品营销捆绑在一起、以增值为目的的附属内容阶段，体验不是某种无形的策划、设计，它和商品、服务一样，是真实的产品，体验经济售卖的是体验本身。

什么样的体验能够颠覆传统意义的产品与服务呢？它不是满足人们常规的、碎片化的体验需求，而是通过设计和营销激发人们生发出对某种崭新体验的期待；当某家企业或机构将服务作为舞台，将商品作为道具，将为用户创造难忘经历及回忆作为产品定位时，这才是在制造体验产品。

目 录 CONTENTS

第一部分　体验经济背景下文化产品与服务的思维变革 /001

第二部分　文化体验设计 /061

第三部分　文化体验营销 /115

第一部分

体验经济背景下文化产品
与服务的思维变革

第一章

绪　　论

一、从"体验经济"到"文化体验"

体验经济以体验作为经济增长点，体验通常又诉诸于感觉、情感、思维等人类精神活动，因而与精神产物富集的"文化"关系密切。文化是体验的重要内容，同时，文化体验也是经济。

尤其是国内文旅行业融合之后，文化产业和旅游业高质量发展的重要落点，就是提升公众的文化消费体验和旅游消费体验，"旅游体验"本就是高频词，如今"文化体验"也日渐高频化。与此同时，文化服务体验也成为公共文化服务效能提升的衡量标准，有城市还专门设置"公共文化服务体验师"的岗位，将体验感纳入了人民群众精神文化需求的满足度和满意度评价体系。

回顾近年来文化和旅游行业发展的一系列重要政策文件，都能看到"体验"的身影。例如，在数字文化产业创新发展的指导意见中，要促进优秀文化资源数字化，就要包括创新交互体验应用，带动公共文化资源和数字技术融合发展；要推进数字文化产业与相关产业融合发展，就要强化文化对信息产业的内容支撑、创意提升和价值挖掘作用，提升用户体验；要扩大和引导数字文化消费需求，就要补齐内容短板、丰富服务模式、提升消费体验。而在着力发展的数字文化产业重点领域中，就包括了利用社交平台与用户开展线上、线下交流，提升消费体验；

深入推进互联网上网服务行业转型升级，开拓线下体验服务新领域；增强数字文化装备产业实力，适应沉浸体验、智能交互、软硬件结合等发展趋势，研发具有自主知识产权和引领新型文化消费的可穿戴设备、智能硬件、沉浸式体验平台、应用软件及辅助工具等。

又如，文旅部等六部委发布的关于推动文化产业赋能乡村振兴的意见中，就9次提到了"体验"。在文化产业赋能乡村振兴的几个重点领域中，如音乐产业要鼓励发展音乐培训、互动体验等复合型业态；数字文化产业要规划开发线下沉浸式体验项目，带动乡村文化传播、展示和消费；在其他文化产业方面，要支持特色产业发展，传承弘扬茶、中医药、美食等特色文化，开发适合大众康养、休闲、体验的文化和旅游产品；在文旅融合方面，要提升乡村旅游体验性和互动性，推动非物质文化遗产融入乡村旅游各环节，支持利用非遗工坊、传承体验中心等场所，培育一批乡村非物质文化遗产旅游体验基地等。

再如，文旅部等十部委发布的关于深化"互联网＋旅游"推动旅游业高质量发展的意见中，重点任务之一就是加快建设智慧旅游景区，要引导旅游景区开发数字化体验产品并普及景区电子地图、线路推荐、语音导览等智慧化服务；要扶持旅游创新创业，引导云旅游、云演艺、云娱乐、云直播、云展览等新业态发展，培育"网络体验＋消费"新模式等。

本书的研究团队聚焦的一个研究方向——非物质文化遗产传承体验设施则被写入了"两办"文件。在中共中央办公厅、国务院办公厅2021年印发的《关于进一步加强非物质文化遗产保护工作的意见》中，明确提出了要完善传承体验设施体系，包括统筹建设利用好国家非物质文化遗产馆，鼓励有条件的地方建设非物质文化遗产馆，推动国家级非物质文化遗产代表性项目配套改建新建传承体验中心，形成包括非物质文化遗产馆、传承体验中心（所、点）等在内，集传承、体验、教育、培训、旅游等功能于一体的传承体验设施体系；鼓励社会力量兴办传承体验设施。

但是，相较于与商业伴生的体验产品与服务，文化体验背后的开发运作机制是稍显滞后的。

当前，文化艺术产品与服务正在经历着体验化趋势，从"无"到"有"，从单感官无交互体验到多感官沉浸式体验，从免费体验到收取"入场费"，从"有了体验感"到"体验感物有所值"……近年来，时常"出圈"的网红展、音乐节，就是"体验经济"在文化艺术领域的标志性案例。公众从中获得了什么？新鲜的观察视角与见解，自我发现与表达的机会，充分的参与和互动……付费甚至"一票难求"，消费者仍旧趋之若鹜，且自发通过社交媒体给予好评与推介……

二、体验经济时代引发文化产品与服务思维变革

体验经济时代，文化艺术产品与服务在供给侧的设计、营销，在需求侧的消费、评价都正在发生着日新月异的变化。基于此，本书的一个重点是研究"体验经济"对文化产业、文化服务业的影响，带之而来的是怎样的文化产品与服务思维变革。

从被动参与到积极交互，是文化体验升级的重要维度。过去，阅读、聆听、观看、欣赏、参观等行为也可带来体验，但这种体验是被动的、旁观性的；当前，我们期望让用户主动参与、积极互动、融入事件、表达自我，此时的体验就会完全不同。交互性的提升也不等于就获得了难忘的体验。一方面，因为生理、情感、思想、精神等因人而异，能够"点燃"用户的体验内容也会因人而异；另一方面，需要

把一般性的互动提升为参与游戏，通过扮演角色、参与事件、体现和创造价值等过程，促使生成难忘的记忆。

在服务体验升级中，场景或者说环境体验是很重要的提升版块。体验感需要浸入，视觉、听觉、嗅觉、触觉捕捉到的信息让用户做出对体验的初步评价，唯美、神秘、激动、惊喜……情绪的变化触发用户进一步的行为，而情绪的持续被激发维系着沉浸感，让这次体验的评价再次升级。

因而，本书将文化业态发展动向的时间轴适当拉长，将分众、跨界、品牌和交互等文化产品思维，场景、舞台、平台和游戏化等文化服务思维进行归纳，剖析这些变革趋势与"体验向"趋势之间的关联，加深对体验式文化产品和服务内在逻辑的理解。

三、文化体验设计

对于文化体验产品而言，体验设计、营销以及日常运营都是缺一不可的环节，而其中体验设计又至关重要，类似于文化创意产品，独特的创意、差异化的特点和精良的品质是成功的基础。

重视消费者体验既体现在产品设计上，也体现在与此相关的服务、过程管理上，需要为营造体验提供一套可供操作的行动指南，包括体验主题的策划，什么样的文化内容适合于被体验，并可满足公众需求、激发惊喜；主题表现力的设计，需要通过什么体验项目帮助公众建立联想，并获得深刻而持久的回忆；定制化服务的提供，需要培训工作人员充当好"表演者"角色，等等。

B. 约瑟夫·派恩（Pine B J）和詹姆斯·H. 吉尔摩（Gilmore J H）提出了体验

设计的五个原则，或可作为重要参考。一是设计能够吸引人的体验主题，并保证主题推动所有的设计元素、活动等走向一个统一的故事线。二是用积极的提示协调印象。在主题的基础上，还必须带给用户不可磨灭的印象，而印象的创造又与体验过程中的线索设置和过程管理紧密相关，要在过程中使用积极的提示来确保用户体验的完整性。三是消除消极、矛盾的提示。体验过程中还必须消除任何弱化、矛盾或分散主题的内容，如空间中无意义或琐碎的信息，还需要注意提示通过合适的媒介和信息形式传递。四是提供记忆承载物——纪念品的售卖。纪念品是对体验的有形提醒，因而需要提供纪念品的售卖，而用户购买纪念品也是代表对体验的认可。五是让体验调动所有感官。体验过程需要不断刺激用户的各个感官以支持并强化体验主题，感官体验是互补的，且体验触及的感官越多，体验越有效和令人难忘。①

　　体验式产品的设计，需要首先把握体验的本质。其中，"产消合一"的概念尤为重要，也就是将生产行为转变为消费行为。阿尔文·托夫勒在《第三次浪潮》一书中，将这种消费与生产融为一体的群体定义为产消者（prosumer），并将视野聚焦于市场经济中的生产与消费关系。他在《第三次浪潮》一书中还将人类社会的经济关系史划分为三个阶段。第一波浪潮始于农业革命，建立于9至18世纪之间。在这个时期，大多数人都是生产消费者，他们消费他们生产的东西。从18世纪开始，所谓的第二次浪潮开始了，工业革命改变了生产资料，使生产和消费功能分离，社会分工进一步细化，商品交换更为频繁，市场概念由此诞生。在这个时期，个人是其他人生产的商品的消费者。第三次浪潮从20世纪40年代开始，计算机的

①　Pine B J, Gilmore J H.Welcome to the Experience Economy[J].Harvard Business Review, 1998, 76（4）: 97-105.

出现使得人类历史进入了信息革命时代，技术的迅猛发展为产消者的出现提供了新的契机。

在阿尔文·托夫勒的理论基础之上，唐·塔普斯科特进行了扩展，他认为产消者在微观经济的层面上已经模糊了生产者与消费者的界限，产消者倾向于选择可以直接参与的产品与服务，并乐于与他人分享成果。另外，他还认为，基于产品消费逐渐向体验经济过渡的背景下，品牌方与消费者之间的交流与联系将日趋频繁，生产者必然会向着消费者演变，消费者的用户体验将被无限放大。唐·塔普斯科特对"prosumer"一词内涵的拓展做出了重大贡献。"产消合一经济"的正式提出是在 2006 年。阿尔文·托夫勒在《财富的革命》一书中将"产消合一经济"定义为一种生产者与消费者结合同一的经济。他认为，在隐形的经济中"所发生的大量活动基本上都没有痕迹，没有经过测量，也没有产生报酬。这就是产消合一的经济（prosumer economy）"。

体验式文化产品是什么样的呢？驱动消费的外因值得分析，但设计开发的多方面内因更值得关注。本书重点对"产消合一"式文化体验产品的特点与应用进行分析。从文化体验设计的维度着眼，着重对沉浸式文化产品与服务的场景营造进行多角度探索，归纳出不同感官层面的体验与对应场景的营造规则。

四、文化体验营销

每一个经济发展阶段均会有占据主导地位的营销模式与营销理念，在体验经济时代也不例外。"体验营销学之父"伯德·H.施密特（Bernd H Schmitt）博士认为："营销人员不能再孤立地去思考一个产品（如质量、包装、功能等），要通过各种手段和途径（如娱乐、店面、人员等）来创造一种综合的效应以增加消费体验；营销人员需要思考消费所表达的内在的价值观念、消费文化和生活的意义。"体验经济时代对营销提出了新的要求，体验式营销正是符合时代要求的新型营销模式，通过满足受众的互动体验感、自我表达及自我认同的欲望，来增强消费者与品牌间的情感联结，进而提升顾客的忠诚度。比如，线下零售商店普遍通过增加演示、展示、竞赛活动以及其他具有吸引力的方式来提升顾客的消费体验，甚至产生了娱乐零售等的形态。

同时，伯德·H.施密特（Bernd H Schmitt）在提出体验营销模式的基础上，还为体验营销的实施提供了具体的战略与战术工具，目前在国内外商业体的品牌营销中已得到了广泛的运用。

促进文化消费升级的重要方式就是体验式营销。本书的最后部分将着力探寻文化体验营销的独特优势，从文化体验营销的必要性与可行性分析入手，归纳出开展文化体验营销的步骤，并重点依据体验矩阵理论分割体验营销模块，从不同模块及模块间的组合入手，提出文化体验营销模块化升级的解决方案。

第二章
文化产品思维变革

文化产品的生产过程是创作者自身文化体验和感受的表达，消费者则以个人的体验进行符号消费和精神消费，以个性化的互动和解读实现文化产品使用价值的激发。文化产品从生产到消费，无不贯穿着个人的体验和参与，可以说，体验是文化产品的本质属性[1]。

Pine 和 Gilmore 以体验参与者的参与水平作为横轴，将参与者与背景环境的关系当作纵轴，把顾客体验划分成娱乐型、教育型、审美型与避世型四种。[2] 按照这一划分方式，结合国家统计局发布的《文化及相关产业分类（2018）》，文化产品体验也可分为四种类型（见图 2.1）。对于广播、电视、电影和影视录音服务以及休闲娱乐服务，消费者倾向于被动参与活动，其带来的是娱乐型体验；文化产品中的新闻出版、图书、报纸、期刊、音像制品、电子出版物等主要提供的是信息，给消费者带来教育型体验；对于文艺作品、广告作品等文化服务，其中优秀的作品会让人沉迷、流连忘返，带来的是审美型体验；而对于动漫、游戏之类的文化产品而言，给参与者带来的则是避世型体验，顾客可能完全沉浸在自己作为主动参与者的世界里。[3]

---

[1] 贺和平，刘雁妮. 体验视角下科技与文化融合的文化产品创新路径 [J]. 深圳大学学报（人文社会科学版），2014，31（3）：154-159.

[2] Pine II B J, Gilmore J H. Welcome to the experience economy[J]. Harvard Business Review, 1998, 76（4）: 97-105.

[3] Pine II B J, Gilmore J H. Welcome to the experience economy[J]. Harvard Business Review, 1998, 76（4）: 97-105.

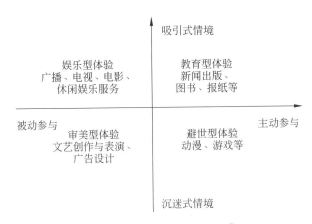

图 2.1 文化产品的体验类型[①]

第一节　跨界思维：产业"文化化"与艺术跨界

21 世纪，在温饱普遍得到满足转而追求精神需要的消费心理下，在科技快速发展并加速与全球范围内的各要素流通的大环境下，文化产品的设计与创意必然跳脱出了原先固有的产品思维模式。其中很重要的一点就是要运用跨界思维实现文化艺术与其他产业间的融合。

从本义上来说，跨界思维是指用交叉、跨越的眼光，从多角度、多方位来看待问题并提出解决方法的思维方式。狭义而言，跨界思维又与概念设计中的"跨界与融合"思维类似，是指将文化作为要素与其他各个产业进行结合，以促进双方的共同繁荣。具体而言，文化产品跳脱出了固有的框架之外，普通的产品也不

---

① Pine Ⅱ B J，Gilmore，J. H.Welcome to the experience economy[J]. Harvard Business Review，1998，76（4）：97-105.

局限在自己的产品思维中，即"+ 文化"和"文化 +"。"+ 文化"主要是指诸多传统产业开始在设计、生产时融入更多的文化要素，文化要素蔓延到其他领域中，为其他领域所用，典型表现为产业的"文化化"；"文化 +"则是指文化产业与其他产业要素相结合，包容进其他领域的内容为文化产业所用，典型表现就是艺术跨界。这两种不同的表现促进了文化产业与其他领域的相互渗透和正向循环，打破行业壁垒，带动各产业联动升级，共同促进传统产业和创意产业的繁荣，形成文化引领、技术先进、链条完整的文化创意产业发展格局。

一、产业"文化化"

（一）审美及消费行为的转变："文化化"的原因

产业的"文化化"是指将文化要素渗透到其他产业中，使得其他产业脱离原先"呆板"的形式，产生全新的产业形态、经营模式等，促进产业的转型升级，最终使得全产业都成为广义上的文化产业。产业"文化化"的诞生离不开人们审美和消费行为的变化，这其中主要是日常生活的审美化及其所带来的消费者消费行为的变化。麦克·费瑟斯通在《消费文化与后现代主义》一书的第五章"日常生活审美化"中，明确了日常生活审美化的理论起源和时代背景。在他的解释里，这一概念包含两个层面的含义：一是艺术和审美进入日常生活中，渗透入当代社会日常生活结构的符号和图像；二是日常生活中的一切被审美化，生活向艺术作品逆向转化。[①] 正是由于人们的日常生活审美化，由人所主导的产业化过程就不可避免地考虑到审美文化要素，被"驯养"出的人类审美也对生活中的各类产品提

---

① 迈克·费瑟斯通. 消费文化与后现代主义 [M]. 刘精明，译. 南京：译林出版社，2000：94-120.

出了文化和美学上的新要求，消费者的消费行为开始转变，他们对产品的要求更多转向为精神层面的需要。受消费者需求导向的影响，商业经济回归到消费者内心的文化需求上，产业逐渐"文化化"。

（二）创意及产业文化的融入："文化化"的形式

产业"＋文化"的形式可以多种多样，如将当地特色文化作为旅游资源进行开发，形成专属的品牌，等等。但最为普遍和具有借鉴意义的还是建立独有的产业文化，以及在产业链的每一环节融入创意设计的元素。

1. 依托产业文化形成商业逻辑

我国的传统产业，如制造业、金融业、房地产业等，都与行业的传统文化密不可分。因此，在产业发展的过程中要抓住植根于最深层的文化逻辑，将传统文化的符号和理念融入每一个产业的商业模式中，使其融入浓郁的中华文化基因，提升消费者眼中的观念价值，具备独特的市场竞争力。比如，酒店行业自古有之，由携程旅行网出资建造的如家快捷酒店，之所以能成功地将连锁业态模式运用于经济型酒店，原因就在于其商业逻辑建立在了汽车文化、背包客文化、旅游文化以及快捷经济文化之上。这些文化是选择经济型酒店出行的人群所共有的文化特征，这就决定了基于这些文化逻辑之上的商业模式也必然符合消费者的需求，从而使得如家迅速扩张并保持了良好的客房出租率。产业文化的建立让文化植入了全社会各领域，形成了以文化为内生驱动力的产业发展新模式与新形态，促进了文化价值的有效转化。

2. 通过创意设计建立商业特色

文化创意在生产力要素中的地位和比重越来越高，对于传统产业中创意元素的挖掘、设计与运用成了提升产业的文化含量、增强文化附加值的有效途径。创意要素在产业链当中的应用，主要是在产业发展的各个环节中学会运用创意思维创新生产方式、创造产品新的内涵。例如，茶叶这一类商品在中国悠久的茶文化中普遍且常见，"小罐茶"这一产品就通过各个环节的创意融入，打出了"小罐茶大师造"的知名口号，并将这一口号贯穿于整个产品制造过程中，从品牌理念、包装、产品等各方面与市面上的同类茶产品相区隔，因而在同类产品中脱颖而出。创意产业通过创意策划与市场运作将文化资本转化为经营资本，使得产品能够在同质化的商品中因拥有独特的文化内涵而胜出，形成商业特色，占领部分市场。

二、艺术跨界

文化和旅游部在 2021 年发布的《"十四五"文化和旅游发展规划》中明确指出，将加大推进文化、科技融合发展力度，促进文化产业新业态提速。[①] 文化产业领域内通过跨界融合促进业态更新的步伐在加快，其中在业内已然广泛开展的"艺术跨界"就是典型的样式。艺术跨界通常表现为艺术与其他领域、其他产业相结合，通过纳入不同产业的要素与经营方式，拓宽了艺术的表现形式，并且改变了往常艺术曲高和寡的商业模式，开始孕育出新的产业门类。

（一）艺术为何跨界

科技的进步和产业转型促使艺术具有了与其他产业相结合的可能性。艺术自

---

① 中国政府网 . 文化和旅游部关于印发《"十四五"文化和旅游发展规划》的通知 [EB/OL]. （2021-04-29）[2022-01-24].http://www.gov.cn/zhengce/zhengceku/2021-06/03/content_5615106.htm.

古以来是小众化的存在，它对欣赏者的文化素养提出了很高的要求。纵然有"阳春白雪"和"下里巴人"之分，艺术始终来源于生活而又高于生活，与日常生活有所区隔。除了上述所提及的"日常生活审美化"引发的艺术作品进入大众视野，科技的不断进步，新的创意思维的开发，也使得包含艺术在内的文化产业不断跨越代际以及认知、欣赏水平间的障碍。此外，自改革开放后的经济转型对产品的多元化提出了更高的要求，商品生产者为了追求这种多元化，转而向艺术寻求帮助，利用艺术为产品创新助力，也是艺术跨界的重要诱因。

此外，艺术发展的需要促使艺术在跨界中展现多元价值成为必要。艺术的曲高和寡带来的是艺术家难以维持生存、艺术作品仅被少部分人认可的困境，艺术需要得到大众的认可，逐步脱离小众，并提高其商品化和市场化的程度。在商业化时代，任何有开发价值的事物都被资本所利用，挖掘出其经济利益，艺术也不例外。艺术作品本身具有一定的商业价值，传统产业同质化严重，也需要借助艺术来增强其产品的独特性。艺术需要通过市场化为其提供更加广阔的平台，拓展艺术圈层，为艺术家提供更多发展机遇。

（二）艺术如何跨界

自文艺复兴以来，许多艺术作品的诞生依靠金融界的赞助，艺术展览、艺术活动等的举办也依赖于品牌方的支持，这仅是其他产业对于文艺的单方面输出。艺术跨界使得文化产业与其他产业的合作共赢成为可能，主要包括产品合作与IP联名两种形式。

1. 产品合作

品牌方邀请艺术家进行产品合作是艺术跨界中的一种较为直接的形式。这种合作方式直接将艺术家的艺术价值附加到产品之上，并通过产品宣传来扩大艺术家的知名度。历年来，LV 就与众多艺术家有过合作。2001 年及 2009 年，LV 与 Stephen Sprouse 合作推出涂鸦系列包具；从 2003 年起，LV 与村上隆陆续合作了 Eye Love Monogram 系列、Monogram Cerises 系列、Cherry Blossom 系列等；2012 年，LV 与草间弥生合作了 KUSAMA 系列。这一系列的合作设计不仅提升了 LV 产品的艺术特色，也提升了艺术家在国际上的地位。

2. IP 联名

将艺术作为一个 IP，并以 IP 形象注入品牌与产品之中，是艺术跨界的另一种主要形式。联名的价值重在双向输出，大众所熟悉的艺术 IP 有利于品牌建立与消费者之间强烈的情感共鸣与情感连接，艺术也能通过这种授权、内容改编等方式延续在大众心智中的生命力，提高商业价值。《2021 全球时尚 IP 白皮书》调查发现，45% 的新世代表示会为时尚 IP 联名而冲动消费，购买了自己暂时不需要的产品。超三成的新世代在购买同类单品时更倾向于购买联名款，近四成新世代有收藏联名产品的习惯。[①] 泡泡玛特通过签约 IP 的方式，将艺术形象变为能够为己所用，并结合其自有 IP 建立了新型文化产业形态——盲盒经济。例如，泡泡玛特与松美术馆合作，推出了 HIRONO The Other One 系列，与 Keith Haring 联名，推出了 SPACE MOLLY 系列，等等。其中与哈利·波特的联名更是在 Z 世代年轻人中掀起热潮，不仅让哈利·波特这一经典 IP 焕发出新的活力，重新打入年轻人的市场，同时也让潮流玩具更具艺术价值和收藏意义。IP 联名可以是产品合作方式，也可以成为产品营销的手段，目前已成为品牌方提高产品附加值、取悦"年轻人"的

---

① CBNData.2021 全球时尚 IP 白皮书 [EB/OL].（2021-12-22）[2022-01-24].https：//www.cbndata.com/report/2790/detail?isReading=report&page=1.

杀手锏，是新商业和传统品牌赋能的有效手段。一个强大的 IP 联名能够让消费者唤起对品牌的联想，而双方或多方的联合可以将这种联想扩大化，起到"1+1>2"的作用，进而促进消费者对其产品和内容的需求。

第二节　品牌思维：品牌附加值与品牌生命周期

首先，文化产品从创作立意到设计生产，都饱含着创作者深刻的文化理解，通过物化的视觉表达以及持续的内容运营，文化产品可以形成自己的品牌效应；其次，文化产品也可以进行跨界联合，文化产品独特的文化价值会快速提升品牌的感知质量[①]，进而提升品牌内涵，让品牌更具溢价优势，扩大品牌消费群体；最后，无论是产品还是品牌，都有其生命周期，在发展的关键节点，文化价值的有效赋能会促使产品或品牌加速进入下一个成长阶段，焕发新活力，驱动新成长。

一、品牌伴随文化产品的诞生

文化产品的诞生往往基于其核心的文化内涵，产品形态是大众了解、认知文化的物质媒介，从产品到品牌再到产品，品牌的建立与发展会为文化产品带来独特的品牌效应，并且对文化资源的持续深挖也会为后续产品进入市场带来独特的品牌竞争力。

例如，以三星堆文化为核心延伸出的文化产品近年来快速"出圈"，深受大众

---

① 戴维·阿克.管理品牌资产 [M].吴进操，常小虹，译.北京：机械工业出版社，2012：2.

消费者的喜爱。随着三星堆考古发掘的不断更新，三星堆遗址也被大众越来越熟知，出土的文物因其与现代审美不谋而合，以及与互联网文化的表达方式相吻合，因此，以三星堆文物为原型创作的一系列文化产品（见图2.2）快速拥有了一批消费者。并且，随着大众对三星堆文化的理解不断深入，消费者对更多的产品品类也愈加期待。

图2.2   三星堆文创产品（图片来源于网络）

三星堆文化产品的成功得益于其丰富的文化内涵，形成了独特的品牌效应。除了文化产品以外，还通过社交媒体的持续发声，与当代社会、大众生活不断产生关联，让文化本身潜移默化地吸引大众，让文化产品的使用场景进入了大众生活。

二、文化价值提升品牌影响力

文化价值有效地融入产品和品牌基因，对于文化的传播和品牌方都是双赢的过程。一方面，文化价值对品牌的加持，强化了品牌在消费者感知里的品牌属性，良好的感知一旦养成，也会对品牌形成较高的忠诚度；另一方面，文化价值的表达借助品牌的商业渠道，也扩大了其传播范围，让文化意识形态进入了更广泛的大众视野。

以高端家电品牌卡萨帝（Casarte）为例，卡萨帝是海尔集团的高端子品牌，品牌创立的初期，就树立给消费者"创艺家电"的品牌印象，与文化艺术的跨界融合，就深深根植在卡萨帝的品牌文化基因里。卡萨帝的品牌命名源于意大利语，"La casa"就是家的意思，而"arte"是艺术的意思，两者结合而成"Casarte"，很好地契合了卡萨帝高端家电的品牌定位——家的艺术。

卡萨帝与文化艺术的跨界营销除了品牌内涵与艺术理念的高度融合外，更体现在产品外观设计上。区别于传统家电设计，卡萨帝家电以嵌入式设计为出发点，邀请众多的设计师、艺术家从产品外观设计着手，将家电作为家庭陈列装饰的一部分，除了满足家电的功能需求外，更重要的是带给用户美的视觉享受、舒适的生活氛围营造。

此外，在品牌成长的过程中，卡萨帝的营销方式也在不断强化其品牌定位。从事件营销、公关活动、新媒体传播等方面，多内容、多渠道地全面与艺术作品结合、与文化IP联合。2020年，卡萨帝作为《上新了·故宫》第三季指定产品（见图2.3），将产品设计与故宫文物匠心美学相契合，产品功能与文物养护空气场景相匹配，持续强化卡萨帝在消费者印象中的品牌属性。

图 2.3　卡萨帝 ×《上新了·故宫》营销 KV（图片来源于网络）

三、文化价值驱动品牌资产沉淀

在品牌发展的生命周期中，通过产品创新、营销创新、渠道创新等多种方式可以实现品牌的可持续发展，而文化价值的驱动也具有同样的作用。品牌最终的竞争是品牌资产的较量，文化价值可以帮助品牌在经营方向、产品设计等方面不断创新，从而实现可持续发展，不断累积品牌资产。

对于许多处于成熟阶段的品牌，品牌资产积累到了瓶颈，如何持续拉新以及沉淀是众多成熟品牌面临的主要问题。故宫文创的诞生提供了很好的借鉴，故宫的文化遗产是中国文明无价的历史见证，多年以来，一直是大众科普、通识教育的重要素材。

故宫文创品牌的诞生，让这些大众仰望的文明走进了生活，引发了一轮又一轮的"故宫热"。那些文物名作、历史名人通过当代设计的表达，出现在美妆产品（见

图 2.4)、办公用品、生活物件（见图 2.5）上，让 600 多年的故宫借文化产品的创新越活越年轻，也让优秀的经典文化找到了新的传播方式，并且形成了全新的商业模式——故宫 IP 的成功打造，在商业联合的赛道中发挥了巨大价值。消费者基于对其文化内涵的认同，加速了其购买决策，为品牌带来经济价值，进而驱动品牌的快速成长或转型，积累了新的品牌资产。

图 2.4　故宫口红产品图片 　　　　图 2.5　OPPO × 故宫文创产品图片

（图片来源于网络） 　　　　　　　　（图片来源于网络）

故宫文创无论是自身的创新发展，还是其文化价值对其他品牌的成长驱动，都实现了品牌资产的沉淀，促使品牌可持续地发展。随着文化产品的蓬勃发展，越来越多的优秀文化得以走进大众生活，通过品牌思维的运营，让文化价值焕发出活力，文化产品不断迭代。

发挥文化产品自身的品牌效应，也可以赋能其他品牌，在跨界联合的过程中，达成渠道多元、客群共享的双赢目的；此外，无论是文化产品还是品牌方，在其生命周期内，文化价值的加持都可以实现其稳健且可持续的发展，并驱动品牌资产的沉淀，实现创新迭代。

第三节　分众思维：“全龄友好”与个性化消费

一、分众思维的产生：从“大众化”向“分众化”转变

分众思维的本质就是从关注大众转向重视各类型、圈层的受众，实现受众的精准化营销。未来学家阿尔文·托夫勒在其 1970 年出版的著作《未来的冲击》中就已提出了“分众”（Demassification），即是指随着科技的发展及消费群体的分化，人们在生产、传播的过程中更加关注不同群体的个性问题，从而为消费者提供多元化、定制化的选择，消费市场也从单一的大众市场转化为由不同小市场共同组成的集合体。）这一概念，他认为在科技和经济因素的影响下，我们必将脱离单一性商品、公式化艺术、无差别教育和大众化文化。

以媒体发展历程为例，在传统媒体时代，人们主要通过报刊、广播、电视等传统媒体获取信息，在这一时期，传统媒体作为“把关人”对传播信息仅进行了集中式过滤，其主要面向广大的受众进行单向性的信息传递。但互联网的发展引发了“去中心化”的社群传播时代，信息传播渠道和数量都在不断增加，与此相对应的是大众的选择权和话语权也在不断地增大。

同时，社会经济的发展导致社会阶层的分化，催生出了多元化、差异化的信息需求。在此背景下，大众化传播已难以满足人们的需求，媒介的服务性质凸显。为了满足人们差异化的需求，无论是传统媒体还是新媒体都呈现出分众化的趋势，即根据不同受众群体的需求进行内容的标签化处理，提升内容的专业性和针对性。通过分众传播能够有效地提高传播效率，精准地将信息传达给目标用户，增强用

户的黏性，达到更好的传播效果。

以往市场更倾向于生产大众化的产品，即通过生产"全龄友好"型的产品来覆盖更多不同类型的人群，从而获得更大的收益。如今，大众化的生产和传播逻辑已经不能完全与市场需求相匹配。随着社会经济的发展，各类型受众的需求逐渐凸显，且每个类型受众的特征、需求都有所不同，公共服务属性的文化产品与服务着力实现全龄友好，文化消费则走向分众化。

一些博物馆、文化馆等公共文化服务部门和机构因其具有公共性，因而可以通过增加低龄儿童服务、适老化及无障碍设计等方式在最大程度上实现"全龄友好"。然而大部分文化产品供给方囿于生产成本、产品定位等等因素难以满足不同受众的需求。因此，对于供给方而言，将分众思维融入生产和传播的全过程，既可以集中优势为目标客户群提供更优质的服务，也能够有效地挖掘市场存量，实现收益的最大化。

随着经济的发展和人们物质生活水平的提高，人们的消费观念有所改变，文化消费成为人们生活中必不可少的一部分。同时根据马斯洛的需求理论，人们对生活的追求逐渐转向自我价值的实现上，消费升级趋势明显，模仿式、排浪式的消费阶段已经结束，人们的个性化、多样化的文化消费需求被充分激发，在大众化、普惠性的产品和服务的基础上，人们逐渐开始追求更高层次的个性化文化消费。

文化产品想要具备更强的吸引力，让更多的用户为其买单，在研发和生产之初就需要具有分众思维，通过细分消费人群，精确地瞄准目标用户，抓住其核心需求，从而提高消费者对文化产品的满意度。通过文化产品的分众化，消费者能够获取更具专业性、更具价值的文化产品，甚至通过消费具有"标签性"的文化产品来彰显其自身的个性和"身份"，在消费时能够实现群体的认同感，而生产者或传播者则可以运用分众思维，实现内容和形式的多元化、差异化，推动文化产品内容和形式的创新。

因此，分众思维的产生将改变文化产品和服务供给方的生产逻辑，更重视各类型、圈层的受众，不仅能为消费者提供更加具有针对性的优质产品和服务，同时也能满足消费者更高层次的个性化文化需求，实现供给方和需求方的双赢。

二、分众思维的发展：数字化、专业化、情感化

文化产品分众化趋势的出现和发展离不开数字技术的发展。数字技术为文化产品的个性化、定制化生产和传播创造了条件，为文化产品的多元化发展提供了必要的技术支撑。例如，数据和算法已成为文化产业的"新生产要素"和"新流水线"。

互联网的发展促使消费圈层分化加快，简单地以年龄、职业等较为笼统的方式划分消费人群，难以精确地满足消费者需求，通过数据和算法等数字手段，能够更准确地划分消费人群，捕捉长尾需求，使创作者在生产阶段就对目标用户有更加深入的了解，从目标用户的需求出发，深耕垂直领域，挖掘潜在需求，创作出人们喜闻乐见的文化产品。

人工智能也让文化产品在传播阶段能够精准地匹配给相对应的目标用户，实现"去中心化"的内容推荐，在分发的过程中不断地壮大细分圈层。通过精细化运营和精准获客来提升用户的黏性，达到分众传播的目的。5G、VR、AR、AI等新技术的发展，也让文化消费的内容和场景开拓出更多的可能性，让更多的个性化、多元化文化产品的诞生成为可能，如"云展览""云旅游""互动剧"等形式扩充了文化消费场景和供给品类。

此外，数字化的发展也在改变人们的文化消费模式。在后疫情时代，人们逐

渐习惯于线上的文化消费，网络文学、网络游戏、线上演唱会等等形式的文化产业规模不断扩大，线上、线下结合的消费方式已成为当下主流的消费模式。通过数字化生产和高质量、个性化的文化产品服务，来扩大优质数字文化产品供给是未来文化产业发展的重要抓手。

在分众化趋势下，文化产品未来将呈现出愈加垂直化和专业化的特点，人们的消费开始从"娱乐价值"向"知识价值"转变，知识功能型垂类产品正在崛起。以知识付费行业为例，面对快节奏的生活，人们开始慢慢习惯于从系统性的知识学习转向利用互联网进行碎片式的学习，通过短视频、直播、音频、图文等不同的方式获取不同领域的知识和技能。

巨量算数发布的《2021中国泛知识付费行业报告》中的数据显示，2018年，中国泛知识付费行业市场规模增速已达到202%，近年来一直维持在40%以上的增幅，泛知识付费用户井喷，越来越多的用户愿意为优质的内容付费。同时相关数据显示，中国现有知识付费用户达4.3亿人，渗透率仅为43%，主要消费人群也从中青年扩展至更多的年龄段，知识付费市场尚有很大的可挖掘空间。

知识付费市场的蓬勃发展也吸引了大量的创作者进入，创作者们可以通过短视频平台、图文资讯类平台等各种不同的平台发布内容，行业的进入门槛不高。抖音的数据显示，2021年1—9月份，与泛知识相关的创作者总量的增幅高达75.6%[1]。面对激烈的行业竞争，内容同质化是限制内容生产者发展的重要因素之一，因此内容的生产和营销、分发更需具备分众思维，通过创新内容与形式，深耕科技、历史、健康、商业、亲子、音乐、美食等不同的细分领域，精确内容定

---

① 巨量算数 & 创业邦 .2021 中国泛知识付费行业报告 [EB/OL].（2021-12-07）[2022-04-23].https：//trendinsight. oceanengine.com/arithmetic-report/detail/517.

位和目标受众，打造更具专业性的内容，与其他文化产品形成差异性，满足受众深度学习的需求，以优质内容吸引更多的用户并提高用户黏性。

知识付费平台面对消费者的需求同样进行了垂直化的发展，例如，喜马拉雅FM 最开始也是主要以马东、吴晓波、龚琳娜等头部的 KOL 吸引流量和用户，继而实现变现，而目前喜马拉雅上已经有 2 000 位知识网红和超过 10 000 节付费课程，涵盖商业、外语、音乐、亲子、情感、时尚生活等 16 个类目，以此聚合不同的用户群。

在"肚皮经济"向"心理经济"转变的过程中，情感因素在消费过程中占据着越来越重要的地位。根据京东消费及产业发展研究院发布的《高质量驱动发展——2021 年消费现象及产业洞察报告》的数据，"悦己消费"占比超过六成[①]，以精神满足为主的消费动机将催生出更多个性化、多元化的需求，同时也对产品的情感化设计提出了更高的要求。因此，文化产品在实现分众化的过程中要想更大程度地吸引对应圈层的受众，还需在内容创作和生产上更加注重与受众产生情感上的联结和共鸣，实现更好的用户转化和留存的效果。

以 Z 世代（即 1995—2009 年期间出生的一代人）为例，随着年龄的增长，Z世代逐渐成长为文娱消费的主力军，其主要的消费特点是注重消费体验和感受。对于 Z 世代而言，在消费文化产品的过程中不仅希望获取知识和体验，也希望通过对文化产品的消费来表现其个性、品位、生活风格、社会地位和社会认同，并在消费的过程中寻求群体认同感和自我定义，因此要提高产品对 Z 世代年轻人的吸引力，需满足其对个性化的追求。

例如，在"00 后"当中流行的"娃圈""绘圈""设圈"等亚文化小众圈子，

---

① 京东消费及产业发展研究院 . 高质量驱动发展——2021 年消费现象及产业洞察报告 [EB/OL].（2021-12-31）[2022-04-23].https://mp.weixin.qq.com/s/jQF0Age098aTqqqbK1pjNQ.

通过对这类小众亚文化的消费，他们拥有了属于自己的圈层和术语，凸显了自身的个性，获得了群体认同感。又如，以 Z 世代为主要受众的 Bilibili（下称 B 站），其跨年晚会从 2019 年的第一届开始就深受观众们的好评。2022 年，B 站跨年晚会当晚的人气峰值达到 3.1 亿人，1.6 万人参与评分，评分高达 9.4 分。没有流量明星的 B 站跨年晚会所掌握的流量密码就是将各个圈层的大热 IP 进行整合创新，用新颖的形式在舞台上展示出来，通过"整活""玩梗"等年轻人喜爱的创作方式展现年轻群体的个性，引发了年轻群体集体情感的共鸣。现如今，B 站跨年晚会已经成为专属于年轻人的年度盛会，成为跨年新的仪式。

文化产品的供给确实需要主流文化的引导，需要注重主流文化的价值，为大众提供优质的"阖家欢"产品和服务，但也要认识到"全龄友好"型的文化产品已难以满足消费者对于个性化消费的需求，因此既要注重主流文化，也要深耕垂直领域。未来文化产品要实现多元化、差异化发展，必须具备分众思维，深入了解和把握不同圈层的需求，实现内容生产的专门化、深度化，内容传播的精准化，通过打造高质量、个性化的文化产品来为消费者提供更好的文化消费体验，以此吸引更多的消费者，最终达到"出圈"的目的。

第四节　交互思维：互动式文化与文化体验升级

一、交互思维与文化体验升级

早在多年前，我国著名工业设计教育家柳冠中就曾提出"设计的对象表面是物，而本质是事"这一"设计事理学"理论①。如果说以前更多的是通过改变材料、色彩、结构或功能来设计一个新的产品，那么如今的文化产品设计则需要运用更系统的交互思维。

交互设计产生于20世纪80年代，起源于计算机的人—机界面，后来这一概念从"人机交互"扩展到了越来越广泛的且与生活更加密切的各个领域②。在信息时代，产品和用户体验日趋复杂、功能增多，传统的物理逻辑层面的设计理念已经无法满足现实生活中人们对体验的更高要求③，交互思维融入文化产品的设计能使用户产生更直接、更深层的体验。

无论是娱乐型体验、教育型体验，还是审美型体验、避世型体验，其体验过程都或多或少地伴随着交互过程。在文化产品设计中融入交互思维，就能通过产品这一媒介来连接人与人、人与物、人与环境，从而创造出多样的互动行为，提升消费体验。

在娱乐型体验中，电影产品的升级使得人们的交互体验得到了提高。电影从2D升级到了4D，在3D立体电影的基础上增加周围环境特效模拟仿真效果，让消费者在这个过程中宛如身临其境，以获得更加刺激、有趣的体验。这种互动式文化让消费者与产品之间的距离得以拉近，让消费者更能产生情感共鸣。

在教育型体验中，一些与儿童美术教育有关的APP便针对儿童的年龄以及认知来打造交互感。比如，涂鸦类、填色类的应用，通过简单的交互操作来实现对儿童美术基本能力的培养和锻炼，儿童在其中能够获得教育体验，提高自身的美术素养。

① 柳冠中. 事理学论纲 [M]. 长沙：中南大学出版社，2006：77-86.
② 安娃. 交互设计思维在服务体验中的应用 [J]. 包装工程，2015，36（02）：5-8.
③ 安娃. 交互设计思维在服务体验中的应用 [J]. 包装工程，2015，36（02）：5-8.

在审美型体验中，交互思维让艺术的审美功能得到了进一步的扩展。欣赏一幅名画不只是单纯的观赏，比如，巴黎艺术博物馆"光之博物馆"便推出了梵高画作的沉浸式展览，通过数字交互技术让人们充分沉浸在画作的世界。在沉浸体验中，人们能够获得更生动的审美体验。

在避世型体验中，游戏带来的沉浸体验感让消费者躲避现实的纷扰，沉浸在游戏世界中。特别是当 VR 等设备更加完善后，消费者通过新的交互设备更加自由、真实地畅游在游戏世界中，从而获得避世的满足感。

二、交互思维的应用

根据系统的定义，交互系统是由人、人的行为、产品使用时的场景和产品中融合的技术四个基本元素组成的[1]，其设计与思考的过程也是围绕这四个元素展开。

（一）人：建立情感连接

交互系统是为人服务的，设计师在交互系统设计过程中首先必须认识和理解系统的服务对象——用户[2]。给予用户情感体验是交互设计的重要目标，正向的情感体验可以通过挖掘用户需求和给予用户控制感来获得。

用户需求可分为显性需求和隐性需求两个方面。对显性需求的满足有利于提高产品的可用性和易用性，而对隐性需求的满足对于产品情感化、个性化的实现更有帮助[3]。隐性需求的挖掘对于文化产品的设计至关重要。例如，棉花娃娃的盛

① Benyon D.Designing Interactive Systems[J].People Activities Contexts Technologies，2010，12（12）：9-19.

② 李世国 . 交互系统设计——产品设计的新视角 [J]. 装饰，2007（02）：12-13.

③ 兰玉琪，刘湃 . 基于用户体验的交互产品情感化研究 [J]. 包装工程，2019，40（12）：23-28.

行就是抓住了消费者"社交需求"这一隐性需求。棉花娃娃最早源于韩国,韩国经纪公司将娱乐明星的形象卡通化后制作成小巧、易携带的棉花娃娃,作为一种官方周边在"粉丝"之间盛行。棉花娃娃作为偶像明星的衍生品,被赋予了明星形象及符号意义。粉丝在与棉花娃娃的交互中,从某种程度上实现了粉丝与偶像明星之间的情感交互与寄托。许多粉丝为此会给棉花娃娃订购"娃衣"等产品,以此满足追星等需求。与此同时,棉花娃娃的存在满足了粉丝的隐性需求,即社交需求。拥有同样棉花娃娃的粉丝之间有了更多的共同点,能够更加快速地融入该圈层当中。粉丝通过棉花娃娃这个桥梁来获得与同好者的交流,不仅满足了其追星的需求,也满足了其社交的需求。这种隐性需求的存在,恰恰为棉花娃娃带来了更大的市场。由此,从明星娃娃到不带明星属性的无属性娃娃,也带动了更多人加入这个小众圈层当中,从而带动了相应文化产品的需求增加。

图 2.6　无属性棉花娃娃①

---

① 界面新闻. 你知道汉服和 JK 制服, 那棉花娃娃呢? [EB/OL]. (2021-07-23) [2022-04-15].https: //baijiahao. baidu.com/s?id=1706039542444239941&wfr=spider&for=pc.

控制感能在心理上帮助用户打破对产品的恐惧，在生理上帮助用户更高效地使用产品[①]。根据常海和蒋晓（2009）的研究，用户控制感的保持可通过以下三个原则来实现，第一，产品的系统模型要与用户心理模型相匹配，防止给用户造成记忆负担；第二，构建标准化、系统化的操作符号系统，对混乱的符号系统进行整理、分类、赋予稳定意义，以便向用户推广；第三，使用户在交互产品上的操作行为及结果与现实世界匹配[②]。"选择"与"控制"是文化产品交互性的一种表现，这种表现应用在实际中的一个案例就是互动剧的生产。比如，互动剧 Netflix 的《黑镜：潘达斯奈基》（见图 2.7），这部 2018 年上线的电影讲述了一个年轻的程序员在由奇幻小说改编而成的游戏中迷失于现实和虚拟的交织里。不同于以往只有单一的剧情线，互动剧里观众能够在观影过程中选择自己想要的剧情，控制人物和剧情的走向，获得自己想要的结局，实现了交互体验中消费者对结果的把控。在互动剧的交互设计中，设计者准备了多个结局、多个剧情线的内容，虽然增加了

图 2.7　互动剧《黑镜：潘达斯奈基》宣传剧照[③]

---

① 常海，蒋晓．交互设计中的用户控制感研究 [J]. 包装工程，2010，31（04）：29-31+38.
② 常海，蒋晓．交互设计中的用户控制感研究 [J]. 包装工程，2010，31（04）：29-31+38.
③ 崔冰睿．互动视频，对于平台方、内容创作者和观众意味着什么？ [EB/OL]. （2020-06-14）[2022-04-15].
　https://www.163.com/dy/article/FF2F12D80517D57R.html.

拍摄成本，但这种交互式的剧情设置在 2018 年之后掀起了一股热潮。这种新奇的产品将决定权交付于观众手上，赋予观众控制的权利，让观众在选择的过程中增添了对作品的解读与理解，提升了消费者的体验感。

（二）行为：使用与反馈

这里的行为是指人在产品使用交互系统环境中的动作行为和产品的反馈行为。

交互是一种双向互动的过程，包括行为的发出者和接收者，因此在设计时需要定义发出者的具体动作和接收者的反馈动作[1]。例如，在维也纳音乐之家博物馆的虚拟指挥展厅中，观众可以拿起指挥棒指挥演奏出多首名曲（见图 2.8）。这种交互在设计过程中就需要清晰地定义观众即发出者的具体动作，如指挥棒的速度、位置等，根据指挥棒的移动位置来得到交互设备的反馈，从而呈现出音乐[2]。

图 2.8　维也纳音乐之家博物馆的交互设备[3]

① 安娃 . 交互设计思维在服务体验中的应用 [J]. 包装工程，2015，36（2）：5-8.
② 包晗雨，傅翼 . 试论体验时代基于新媒体技术的博物馆交互展示 [J]. 中国博物馆，2021（4）：111-118.
③ ULifestyle. 维也纳音乐博物馆 [EB/OL].（2014-12-05）[2022-04-15].https：//travel.ulifestyle.com.hk/spot/detail/8262/.

产品的使用和消费是一个过程，可通过对每一个"接触点"的挖掘，对行为流程进行创新设计。① 比如，河南博物馆推出的"考古盲盒"（见图 2.9）。在盲盒兴起之后，各式各样的 IP 都开始投入盲盒的怀抱，但是拆盲盒的过程都是相同的，拆开包装后得到了相应的产品，人们的体验感就在于拆开保护盒以及获得产品的那一瞬间。但是"考古盲盒"进一步提升了消费者的体验感，在盲盒的设计中考虑到各种接触点，针对消费者的心理以及自身文化产品的特点，从而设计出能够让消费者体验考古流程的产品，这种新奇的体验瞬间满足了消费者对产品主题深层次的好奇感及体验感。对拆盲盒的行为流程的重新定义，使其产品有了新的高度，也在市场上占据了新的立足点。

图 2.9　河南博物馆的"考古盲盒"②

---

① 安娃. 交互设计思维在服务体验中的应用 [J]. 包装工程，2015，36（02）: 5-8.

② 大河网 .【就地过年年味不减】河南博物院里过大年给您准备了"诗和远方"[EB/OL].（2021-02-01）[2022-04-15]. https://xw.qq.com/partner/vivoscreen/20210201a0emrv00.

（三）场景：情境的构建

场景是指在交互系统中行为发生时的周围环境，行为与场景密切相关。

情境贯穿于产品的设计过程，情境构建是产品设计过程中的必然阶段，也是用户体验设计方法的补充和发展。[①] 设计师只有与使用者的情境认知无限趋近，才能真正以用户为中心设计出符合其需求的产品。设计师只有真正了解目标用户，才能基于产品的具体使用情境，为用户提供合适的服务以及良好的体验。[②]

有学者引入"5W1H"方法[③]，帮助设计师准确把握用户的真实需求。"5W1H"方法有六个基本要素，即为了某种原因（why），在某个时间（when）某个地点（where）某个人（who）以某种方式（how）操作产品完成某件事情（what）。设计情境下基于"5W1H"方法，设计师可以更准确地从用户的角度去思考设计问题，设计师在提出设计概念后对具体的设计进行细化的阶段，根据六个基本要素对目标用户、产品、环境进行预测以及情境分析，评估产品方案的可行性，以便目的性更强地解决设计问题。设计师通过产品系统建立使用情境，只有在产品系统层面表达出其设计情境，用户才能理解设计师的意图，使得产品用户体验得更好（见图 2.10）。[④]体验式营销中就大量采取了建立使用情境以供消费者直接体验的方式。

（四）技术：科技与文化的融合

通过科技的加入，能够让教育型体验更轻松，并增强娱乐型、审美型和避世型体验。交互设计系统所需的技术包括硬件技术和软件技术。在交互系统中，技术是为人服务的，设计师应了解目前可用的技术，与交互行为有关的技术有语音

① 黄硕. 基于情境构建法的家用一体式电脑的创新设计研究 [D]. 无锡：江南大学，2012.
② 谭浩，徐迪. 基于情境的产品交互设计思维研究 [J]. 包装工程，2018，39（22）：12-16.
③ GERO J S，NEILL T M.An Approach to the Analysis of Design Protocols[J].Design Studies，1998，19（1）：21-61.
④ 谭浩，徐迪. 基于情境的产品交互设计思维研究 [J]. 包装工程，2018，39（22）：12-16.

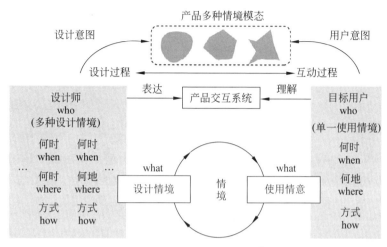

图 2.10　情境的组织模型[①]

识别、图像和文字识别、多媒体、信息可视化、虚拟现实、网络、移动通信、红外传感、光控和声控技术等。目前主要的交互形式有动作交互、语音交互、生理信号交互等。[②] 比如，技术与文化融合的数字化交互体验在文博展览产品中的应用较为多见。

　　例如，故宫博物院的端门数字馆便是将展览数字化，把古典建筑与前沿科技相结合，通过引入多种交互设计来提高游客的体验感。游客可以在数字长卷《清明上河图》前，一睹北宋的昌盛繁华景象；可以在《韩熙载夜宴图》的触摸屏互动装置中，点击烛光来随着韩熙载一同欣赏曼妙歌舞；可以通过 3D 触摸屏 360°来仔细观看馆藏瓷器、青铜器等器物的纹理结构；也可以在互动装置前换上龙袍或旗装，一品古代服饰的精妙。[③] 在这些交互设施中，与各种交互行为相关的技术

① 谭浩，徐迪. 基于情境的产品交互设计思维研究 [J]. 包装工程，2018, 39（22）: 12-16.
② 兰玉琪，刘湃. 基于用户体验的交互产品情感化研究 [J]. 包装工程，2019, 6（12）.
③ 白雪. 数字化技术在博物馆展示陈列中的应用 [D]. 内蒙古大学，2017.

被引入其中,让消费者能够在其中更加贴近文物,感受文物带来的魅力(见图 2.11)。

图 2.11 故宫端门数字馆的交互设施①

① 聚辉触控 .5G 时代的博物馆,让文化沉淀于心 [EB/OL]. (2020-10-08) [2022-04-15].https://zhuanlan.zhihu.com/p/262997325.

第三章
文化服务思维变革

第一节　场景思维：实景体验与虚拟场景体验

一、场景思维的概念

"场景"原指电影、戏剧等作品中的场面或情景，较多地应用于戏剧和影视创作领域。一般来说，场景包含物理意义上的空间、心理和行为情景下的环境氛围。"场景"这一概念最早应用于市场营销领域，由玛丽·乔·比特纳于1992年首次提出"服务场景"（servicescape）概念，即"服务业依靠人而建立起来的一种有形环境"。这种有形环境由氛围要素、空间布局和功能、标志符号与人工制品三种要素组成。

服务场景概念在市场营销中的引入体现了人们从消费"物"到消费"场景"的转变，满足了人们更为深层次的精神需求。在移动互联网时代，罗伯特·斯考伯和谢尔·伊斯雷尔在《即将到来的场景时代》一书中提出了"场景五力"，即移动设备、社交媒体、大数据、传感器和定位系统，认为这些场景的五大技术力量"正在改变你作为消费者、患者、观众或在线旅行者的体验"[①]。以云计算等基础设施作为技术整合的基石，"场景五力"为人们塑造了多元化的社会功能性场景，这里

---

① ［美］斯考伯，［美］伊斯雷尔 . 即将到来的场景时代 [M]. 赵乾坤，周宝曜，译 . 北京：北京联合出版公司，2014.

的"场景"一词来源于英文"context",侧重的是情境。这也为传播学领域在移动互联网时代的媒介研究提供了新视角,移动传播的本质是基于场景的服务,即对特定场景的感知及服务的适配①。

场景不仅是移动互联网时代竞相争夺的目标,也是提供新产品或服务的切入口,文化消费的虚拟场景体验正是在这种技术发展下应运而生的。此外,芝加哥学派的特里·克拉克教授在城市社会学研究视角下提出了场景理论,把对城市空间的研究从自然与社会属性层面拓展到区位文化的消费实践层面,为城市研究提供了新的理论范式。② 这里的"场景"对应的是英文"scene",是在各类消费实践中被赋予了文化意义的符号化空间。

由于文化活动本身就建立在各类场景之中,因而文化体验较之普通的产品消费更需要依托场景化来提升体验者的体验感。单来说,文化体验中的场景就是文化消费空间,场所、人、人与场所的互动构成了文化消费空间的核心要素,其中包含服务场景下的实景体验和基于场景提供服务的虚拟场景体验。

二、实景体验

实景体验是文化体验中不可或缺的,自古以来的文化活动都有其特定的空间载体,根据当前不同的文化体验形式,可以将实景体验的文化服务分为以下几种:

首先,"文旅融合"背景下构建的文化旅游场景。随着旅游消费者对旅游体验

---

① 彭兰.场景:移动时代媒体的新要素 [J].新闻记者,2015(3):20-27.

② 吴军,夏建中,特里·克拉克.场景理论与城市发展——芝加哥学派城市研究新理论范式 [J].中国名城,2013,(12):8-14.

需求的升级，旅游场所不再是物理性被观赏的地域空间，而是人们可以与之连接、互动甚至创造的文化空间。具有象征意义的符号介入文旅空间，为拓宽文化旅游场景提供了多种维度的方法，目前较为普遍的做法是营造沉浸式体验空间、构建情感认同。营造沉浸式体验空间可以通过技术手段提升基建水平，将美学理念用于景观设计，在实现空间升级的同时因地制宜地开展富有互动性和参与感的文化体验活动，例如，以传统手工艺等非遗项目为核心的体验活动，以展映、演艺、交流等形式开展的文化活动。构建情感认同在于引入在地化的文化符号，例如，民俗类的节事活动，具有象征意义的本地文化意象，独特的文化品牌等。在此基础上，国内文旅市场上涌现了众多具有代表性的文旅场景，例如，在历史文化遗产或自然遗产上打造的《又见平遥》《印象丽江》等沉浸式实景体验演艺项目，乌镇、阿那亚等依托戏剧节等当代文化活动塑造文化品牌的旅游景区，等等。

其次，以博物馆、图书馆、美术馆、文化馆等非营利性公共文化空间为载体搭建公共文化服务场景。公共文化空间的构筑是为了丰富群众的文化生活，保障公民的基本文化权利，随着国家财政加大对公共文化服务的投入，完善的硬件和单体的设施已不足以满足公众对文化体验的需求，如何构筑新的文化场景才是关键所在。在文化消费时代，具有多元功能的复合型空间成为公共文化服务场景发展的方向，除了物理意义上的空间营造，提供文化生产、艺术活动、文化消费等多种文化活动甚至商业、娱乐等其他服务功能，也是扩张和创新文化服务场景的主要策略。由皮亚诺和罗杰斯设计的蓬皮杜国家艺术与文化中心是具有代表性和影响力的此类文化服务场景。蓬皮杜国家艺术与文化中心内包括公共图书馆、现代艺术博物馆、专业的工业美术设计中心以及专业性的音乐和声响研究中心，为公众提供了阅读、音乐、美术、现代艺术等多样化、多层次的文化活动。各种要素在复合型的文化场景组合下相互协同，大大提升了公共文化空间对人们的吸引力。

最后，商业业态下具有显著文化消费属性的综合文化服务场景。目前，越来越多提供休闲娱乐、购物餐饮、社交聚会等商业业态的城市商业综合体开始提供多样化的文化消费活动，这类以提供文化服务为核心的商业综合体是城市文化服务实景体验场景升级和再造的理想形态。例如，日本的六本木新城作为一个商业综合体，纳入了当代美术馆、剧场、电影院、博物馆等文化场景，模糊了文化体验空间的物理边界，以构建生活场景的方式满足了人们的各类体验需求。国内的实体书店转型有异曲同工之处，如今的实体书店不仅仅提供购书服务，还会在实景空间中增加饮食、零售、教育甚至住宿功能，在为消费者提供全方位生活场景的同时，打造读书会、沙龙等多样化的社交场景，延长了消费者在空间中的体验时间，也拓宽了他们的体验深度。未来的文化服务实体场景将愈趋于综合化，愈加注重个体的体验以及个体与空间的互动。

三、虚拟场景体验

虚拟场景是指一个虚构的人文环境。小说、戏剧、电影、电视剧等文艺作品和各类游戏软件中都采用这种方式。随着科学技术的迭代更新，虚拟场景也指计算机通过数字通信技术勾勒出的数字化场景，文化场景体验也逐步走向虚拟世界。移动互联网进一步打破了时空界限，将场景体验全面移至线上，消费者可以获得的信息、知识、体验范围以指数级扩大，势必追求更高品质以及更个性化的体验内容。因此，虚拟场景体验有以下三个特点：

首先，虚拟场景让文化艺术内容的传递方式更加酷炫。比如，沉浸式媒体正与线下文化相关行业加速融合，虚拟现实技术可为观众提供文化艺术内容的沉浸式的观览过程，增加更多感官刺激与交互设计，让观众深度沉浸其中，达到感觉、情感、思维甚至精神层面的交流。VR 文旅、VR 文博、VR 会展等都迎来了升温发展。例如，故宫博物院举办的"新时代·新故宫——故宫博物院文化遗产保护与传承主题云展览"，观众可以选择通过"V 故宫"入口，在虚拟世界探索故宫的古建筑，了解古建筑背后的历史与文化。

除此之外，还有云上 VR 书店、5G+VR 景区慢直播、虚拟偶像全息演出等。生活行为艺术将生活场景搬上展台，观众可直接观察到艺术家在特定场景中的艺术表现。2022 年 4 月 23 日，新裤子乐队的键盘手庞宽开始了他为期 14 天的生活行为艺术。他在拜拜迪斯科台子上吃喝拉撒睡，并在视频号上同步直播，用行为激发大众的思考。

其次，从虚拟现实到增强现实，虚实混合打造"沉浸式"文化场景体验。首先，虚拟现实技术在文化服务中的应用频度不断增加，通过创造、表现虚拟空间，营造一种开放、互动的环境，带领用户体验虚拟场景。AR 增强了现实技术应用，在场景中，将计算机生成的虚拟物体和信息实时叠加到了现实场景中，以实现对现实场景更直观、形象的呈现。早在 2013 年，央视蛇年春晚就应用了 AR 技术。主持人入场时，大阶梯从天而降；2021 年的牛年春晚上，周杰伦演唱《莫吉托》，虚拟场景制作技术使场景转换犹如大片，拓展现实技术将海滨城市"搬"上舞台，周杰伦带领乐队开着粉色飞车，与观众共享夏日风情。2021 年的牛年春晚首次采用了 AL+VR 裸眼 3D 演播室技术，通过渲染引擎，制作各种全景虚拟场景，突破了传统舞台空间的呈现形态，实现了虚拟空间和现实世界的无缝衔接。在少儿歌舞《听我说》节目中，增强现实技术打造出了诗话般的田园景象，虚拟人物洛天依和月亮姐姐、王源一起唱出了春天的声音。

近年来，VR/AR 技术推动了文旅临场体验沉浸化，交互化发展。2013 年，情境体验剧《又见平遥》问世；2016 年，沉浸剧《不眠之夜》在亚洲落地并成功在上海驻演；"行浸式"演艺《夜上黄鹤楼》采用了声、光、电和投影成像等技术及屏幕移动特效，立体呈现了夜间的黄鹤楼，同时穿插"黄鹤仙子"起舞，但因内容并未跟上形式的创新，该节目未取得成功。

再次，虚拟场景让用户拥有更大的体验自由度，充分满足了个性化需求。虚拟场景体验不受物理空间的限制，可为客户定制具有个性化的体验场景，其灵活多变的场景构建也可满足多元展示、多主题呈现的需求。比如，中国人民抗日战争纪念馆推出的线上 VR 展——《抗日根据地的创建与发展》，运用多媒体数字技术，通过动态屏幕、3D 漫游技术、互动式体验技术等技术展示手段，再现了根据地军民英勇抗击日本侵略者的伟大历史，让观众在家里就能体验到身临博物馆看展的情景，感受伟大的抗战精神，并可根据自身需求选择不同体验模块。

又如，爱奇艺举办的"为爱尖叫"线上晚会，以"可选择的全景式"为特征，用户可根据自己的兴趣喜好自由选择直播画面、切换不同内容，甚至可以自己选择节目的演出顺序。虚拟场景可提供比实体空间更为丰富的内容及形式，还可设计更符合观众个性化需求的场景细节与体验流程，充分体现了虚拟场景体验的个性化特征。虚拟场景在主题演唱会上让观众享有更大的体验自由度，使本就疯狂的现场表演更加疯狂。2022 年，摇滚乐队 Phish 在纽约麦迪逊广场上举办演唱会，数只虚拟鲸鱼伴随着音乐在观众上方来回遨游，丰富了主题"Waves"和"sand"，呈现出现实与梦幻交融的场景，让人沉浸、迷醉。

第二节　舞台思维："前台—后台理论"与自我表达

一、"前台—后台理论"

1956 年，美国人类学家欧文·戈夫曼在《日常生活中的自我呈现》一书中提出的"拟剧论"阐释了"前台—后台理论"。他将人与人面对面互动的过程定义为"剧场"，"剧场"又分为"前台"与"后台"。该理论中，前台是演员表演的地方，后台是不被观众所看到的演员休憩的地方，意在划分人际交往中的舞台化和真实性。

此后，美国社会学家马康纳将其引入旅游学领域，认为旅游目的地规划中应设置"前台区域"与"后台区域"，并在戈夫曼"前台—后台理论"的基础上提出了"平台设置"（stage sets）概念，即将前台和后台分为六个层次，包括表征前台空间（与后台完全分离）、旅游前台空间（开始产生后台氛围）、深层前台空间（与后台交融）、开放后台空间（与前台交融）、界限后台空间（对外来者有所警示）、深层后台空间（外来者不允许进入）。马康纳基于旅游实际更新了戈夫曼的二元划分限制，使前台、后台区域更加具有层次感与渐进性，丰富与完善了"前台—后台理论"。①

K.科恩在马康纳的基础上又将外来者印象引入"前台—后台理论"，将客观存在的风景分为"真实的"（后台）和"舞台化的"（前台），同时将游客对风景的印象分为"真实的"与"舞台化的"，从而"两两组合"产生了四种舞台形态（真实的、舞台化真实的、不被承认的真实的、舞台化的）。皮尔斯和莫斯卡多将马康

---

① 张剑文，杨大禹."前台—后台理论"在传统村镇保护更新中的运用 [J]. 南方建筑，2015（3）：65-70.

纳与科恩的理论相结合，从人与环境的关系出发，提出了新的四种形态，即真实的人在真实的环境（后台的人在后台）、真实的人在不真实的环境（后台的人在前台）、不真实的人在真实的环境（前台的人在后台）、不真实的人在不真实的环境（后台的人在前台），见表 3.1 所示。①

表 3.1　人与环境关系的四种形态

类　别	后　台	前　台
后台的人	真实的人在真实的环境	真实的人在不真实的环境
前台的人	不真实的人在真实的环境	不真实的人在不真实的环境

约翰·厄里认为，前台的核心是"表演"，后台的核心是"凝视"，并指出戈夫曼的"拟剧论"实际上是一种"印象管理"。

四川大学的杨振之教授在 2006 年发表的文章《前台、帷幕、后台——民族文化保护与旅游开发的新模式探索》中，介绍了戈夫曼与马康纳的"前台—后台理论"，并基于我国的旅游开发实践延伸提出了"前台—帷幕—后台理论"。

杨振之教授认为，旅游开发确实给地区带来了一定的经济发展，但在开发实践中存在着民族文化社区迎合消费者的媚俗倾向，将文化做粗做浅，打造走马观花式的文化体验，这些都是"舞台化"的表现手法，会造成民族文化商品化危机。② 民族地区文化保护与旅游发展之间需要一种新的模式，要既能发展经济又能保护地区文化。他结合国内旅游开发的实例，对"前台—帷幕—后台理论"在传统村镇保护与旅游开发领域的应用做了设想。

"前台"被定位为舞台化空间，"帷幕"被定位为过渡性空间，"后台"被定位为保护性空间。之后，杨振之又结合符号学理论对"前台—帷幕—后台理论"进

---

① 张剑文，杨大禹."前台—后台理论"在传统村镇保护更新中的运用[J]. 南方建筑，2015（3）: 65-70.
② 张剑文，杨大禹."前台—后台理论"在传统村镇保护更新中的运用[J]. 南方建筑，2015（3）: 65-70.

行了进一步论述，指出"前台"是旅游的"符号化"，"帷幕"是向文化真实性前进的过程，"后台"是一种符号化旅游，而符号化旅游本身是旅游文化的创造过程，进入后台的旅游者不再是文化的旁观者，而是要参与旅游地社区的文化创造，以防止其本土文化被同化。[①]

民族文化开发为文化旅游产品和服务，存在着文化商业化和本真性博弈的过程，需要借助"前台—后台"及其衍生理论进行平衡。

这一理论被广泛运用于文化空间的打造。比如，"现象级明星村"袁家村。作为乡村振兴的代表性旅游村，袁家村通过商业化运作＋原生性展示的方式，打造了以关中民俗为核心主题的乡土生活文化 IP。但袁家村并非是被"打造"出来的，而是在一个自然村落里，将关中乡土文化发挥到淋漓尽致的典型。

民族文化如何开发为文化旅游产品和服务，需要跳出游览式旅游的框架，提升产品和服务的体验性。袁家村的村落位置和屋舍布局条件得天独厚，被列为"第二批中国传统村落"，这种原生的环境和生活方式成就了袁家村的"后台"空间。当地村民经营管理的"文创街区""小吃街"等主题街区，将当地特色文化符号经过聚集和包装，以产品和服务的形式呈现在游客面前，构成袁家村的"前台"空间。

以文旅产业为代表，文化产品和服务可以借助"前台—后台理论"来进行文化表达的创新和变革。杨振之教授的三元划分首先认可了文化商品化的发展趋势，将民族文化进行商业开发，使之成为文化旅游产品和服务，又创造性地使用了"帷幕"空间，既能够在商业化的基础上更多地展示民族文化的本真性，又能够保护"后台"民族文化的"原生性"和"本真性"不受干扰。

---

① 张剑文，杨大禹."前台—后台理论"在传统村镇保护更新中的运用 [J]. 南方建筑，2015（3）：65-70.

二、自我表达

随着社会的进步与思想文化的多元化发展，当前的文化产品和文化服务供给已不仅仅定位于满足人们的基本精神消费需求。公众也逐渐远离旧有的一些文化消费方式，从被动转为自主，其中就包括转向对自我精神世界的探求与表达，产生了自我表达的需求。较之接受、使用与满足，自我表达是一种更高层次的需求，其本质是期望成为精神文化产品的创造者，甚至是文化消费品的提供者。

自我表达需求产生的根本原因在于经济社会的发展以及在此基础上传统观念的改变。当代中国，个性发展与自主创新得到了很大程度的鼓励，尤其是来到移动互联时代，个性化的自我表达有了潜在的舞台。因而，公众青睐于可实现自我表达需求的产品与服务，从共享文化变为共创文化。

自我表达需求的主要类型有三种。

（一）娱乐性的自我表达

当前文化产品和文化服务的多元化，为人们寻求娱乐性体验提供了更丰富的选择空间。尤其是大受年轻人喜爱的剧本杀和密室逃脱，是娱乐性自我表达的典型案例。剧本杀和密室逃脱都具有沉浸式体验特征，是一种包括视觉、听觉、触觉等全感官体验的服务模式，提供给人一种全身心的难忘经历。剧本杀和密室逃脱最大的特点，在于消费者可在游戏环境中体验数小时的他者角色和经历，经历截然不同的人生轨迹。剧本杀和密室逃脱会根据玩家喜好开设不同类型、主题、风格的剧本和密室，玩家可根据自身需求进行选择，而当玩家进入游戏角色和环境中时，玩家本人的真实自我便放置于"后台"，而将个性化的情感需求和自我表达置于"前台"进行展现，此时也就拥有了不同于社会现实的角色话语权。因此，剧本杀和密室逃脱能让体验者发现身边人耳目一新的形象表现和个性特征。

（二）教育性的自我表达

当下涌现的新型文化教育产品，不约而同地提升了公众获取知识过程的体验感和获得感，会发挥大众在求知过程中的主观能动性，以实现教育性的自我表达。就知识获取及其过程体验而言，一方面，需要以高质量的文化产品和文化服务为支撑；另一方面，需要激发消费者通过探索、体验、参与等方式感知和把握知识脉络，提升和展示自我能力，最终实现自我表达的需求。如2018年暑期在苏州博物馆举办的互动型展览"1509：与谁同坐——吴门画派之青少年教育互动展"。这个展览结合了旅游需求，其目标用户是青少年研学游群体，整个观展体验以吴门画派所处的明代中叶时期为历史背景，根据不同年龄段青少年的身心特点设置相应的观展任务，青少年则在不同场景完成相应任务。在此过程中，场景还融入了明式家具、榫卯结构、文房四宝等诸多文化元素，这些文化元素以一场经过设计的互动体验，以及融入体验之中的诸多文化创意完成了表达。苏州博物馆提供的这种观展形式实际上也是提供了一类新型博物馆文化产品，为博物馆开辟了表达与交流的渠道，也为服务对象搭建了自主体验文化、沉浸探索知识、实现自我表达的舞台。

（三）审美性的自我表达

美国心理学家马斯洛将人类的需求从低到高依次分为生理需求、安全需求、社交需求、尊重需求和自我实现需求。社会成员在满足一定的物质需求和精神需求的基础上，获得自我实现需求是其最理想的境界。基于此，互联网技术迭代更新为公众提供了越来越丰富且多元的表达渠道，其中就包括为许多新锐艺术创作者提供的实现自身艺术创作表达与传播的平台。比如，摄影、绘画、服装设计等艺术领域创作者，通过抖音、知乎、小红书、豆瓣等平台，分享自己创作的艺术作品及其艺术创作的心得。对于创作者来说，这些展示平台为他们提供了审美性自我表达的"前台"，在前台中可以引导受众走进他们自身所要表达的艺术世界，并在此过程中汇聚具有同样品味和理念的群体，形成趣缘圈层。而创作者前期杂乱的素材收集、复杂的创作过程以及几经失败的创作经历等都归置于创作者的"后台"。

第三节　游戏化思维：游戏化设计与游戏化营销

一、文化产品与服务中游戏化设计的应用

年轻人是文化消费的主流群体，他们的成长经历、兴趣爱好直接影响着其思维方式、文化趣味和审美追求，他们对新鲜事物的热情又是极其高涨的，因而文化产品与服务需要不断迭代更新，在适配新生代的同时实现价值引导。与此同时，随着 Z 世代群体的成长与不断壮大，他们越来越成为文化产品与服务设计的主要力量，他们将越来越多的年轻思维引入产品开发、服务设计之中，其中最典型的就是游戏化思维。

什么是游戏？实际上，当代意义的游戏是一种综合性、全方位的体验，是人们日常生活中常见的休闲娱乐方式，它可以给人们带来无形的乐趣，满足大众的情绪需求，被称为"第九艺术"，成为演绎和传播文化的一种媒介形态。得益于这

样的特征，游戏化思维应运而生。2011 年，"游戏化"一词在游戏开发者大会上首次被提出，塞巴斯蒂安·德特丁（Sebastian Deterding）等人认为游戏化是"将游戏中的元素纳入非游戏的环境中"。

著名的心理学家布莱恩·苏顿曾说："玩的反面不是工作，而是绝望。"为此，人们需要通过以玩这样一种精心设置过的方式来进行自我娱乐，释放自己，以此减缓压力和负面情绪，满足自我情感宣泄的需要。而游戏的融入不仅可以让枯燥乏味的工作变得有趣，也可以给繁重的任务增添动力。在消费者"体验为王"的时代下，游戏元素的融入为文化服务场景提供了更加具有创造性的、丰富有趣的内容，为消费者创造出多种多样的新鲜体验。在游戏中，人们往往被赋予一个清晰而明确的目标，为了达成这个目标，玩家开始完成任务、提升等级、解锁勋章，触发晋级奖励机制及其他可以触达的正向反馈内容。这些奖励激励着玩家不断克服重重难关，最终完成挑战。

从文化服务的角度来看，与文化产品相比，服务对人的感觉、情绪等的影响更加直接、实时，可以说，把握好消费者的情绪和感受，是文化服务过程的首要发力点。如果将游戏化思维、游戏元素融入文化服务当中，那么，就可让人们在接受文化服务的过程中获得"类游戏"的体验，满足并放大人们自身的情绪需求。应该怎样进行文化服务的游戏化设计呢？

匈牙利籍心理学家米哈里·契克森米哈赖的研究指出，一款成功的游戏往往具有以下几个特征，即明确"游戏"任务、了解自身成就、授予正向反馈，等等。同样的，策划者在进行文化服务游戏化的设计过程中，也应该根据这几点进行展开。

对于博物馆、展览馆等可以提供给人们文化产品收藏与参观的场所而言，将游戏化思维理念和流程运用到馆内的文创产品研发设计、文化服务中去，无疑是一个积极有趣且有利的探索。游戏化的融入可以引导文化消费者参观，强化人们的参与程度，加强人们对展品的理解与认知。其中，中国大运河博物馆青少年观众互动体验展"大明都水监之运河迷踪"就是一个很好的案例。

展览以"大运河简史"为主题，很显然，在如今以沉浸式体验为主的场景展陈设计中，如果展览仅以这种相对传统的展陈方式进行陈列，很难吸引到青少年群体的关注，激起他们的参与感。但是，该展览通过游戏化的设计、多媒体的解读，深入浅出且巧妙地带领受众熟悉大运河的历史和文化。在展览中，玩家化身为古代监水使者，带着任务"游历"大运河。

展览设置有驿站、钞关、码头等"游戏元素"，并设有 NPC 与玩家进行互动，玩家需要根据问题在展览内找到相关的知识进行解密，不断推进剧情，最终完成任务。该展览共分为"时空中的大运河""舟楫往来看门道""烟花三月下扬州""无处不运河"四个主要部分，即可看作游戏的四个不同的关卡，每个部分都有不同的内容供受众游览与学习。在通关解密的过程中，玩家既能完整地参观整个互动体验展，还能够收获大运河的相关知识。

基于以上案例，文化产品及服务的游戏化设计应用，是加强文化服务创新、加速文化内容传播的有效途径之一。这就要求在进行文化产品或是服务游戏化设计时，首先，应当充分了解受众的需求，以玩家的情绪体验为出发点，进行有针对性的设计；其次，以所要传达的文化内容为核心，为玩家设置"游戏"的目标以及完善任务—奖励机制；最后，只有充分解读想要传播的文化内容，才能完成既通俗易懂又专业性强的游戏化设计内容。文化服务的游戏化设计通过寓教于乐的方式来提高受众的理解与认知，对构建文化服务体验新格局具有积极的意义。

二、游戏化思维在文化产品和服务营销中的应用

游戏化思维被看作一种激励人们产生行动的系统设计方式。但是，在提供文化服务体验中，如何有效地将游戏设计和游戏化营销二者完美结合，让用户在玩的过程中增强文化服务体验感，联动起用户与文化服务平台之间的联系呢？做到精准抓住玩家的消费心理，便是一个很关键的问题。

与传统的营销方式相比，游戏化营销的本质是通过游戏中的激励元素刺激用户，有效的方式就是以服务为主导，建设服务型的营销策略。而最常利用的方式就是激励机制，主要表现在将游戏中吸引玩家的爽点注意力转移到品牌营销活动中，并逐渐将外部刺激转换为内部需求，让消费者在玩游戏的同时，间接带动其隐藏在背后的品牌，从而让消费者沉浸在游戏化所营造的文化服务场景之中。

成功的游戏化营销离不开创意的加持，创意可以说是游戏化营销的灵魂。而要使提供的文化服务具备创意性和趣味性，以吸引用户的参与体验，各类新兴技术的线上、线下联动就为"游戏化"机制的实现提供了强有力的保障，从而尽可能地将概念式的文化产品或者服务场景呈现在用户的面前。

回顾游戏化营销的历史进程，1987 年，麦当劳推出的麦当劳版大富翁促销集奖活动，可以说是进行游戏化营销实践的鼻祖，也首度掀起了品牌大厂的热潮。它从最初全靠传统线下游戏模式为用户提供服务到后期借助新技术的力量，采用官方网站宣传、流媒体视频等手段让消费者迅速、直观地掌握游戏规则要领，进而成功地将消费者引入游戏网站中去。

现今，随着移动互联网技术的推广普及，尤其是 AR、VR 和元宇宙的兴起，立足于以用户为中心成为众多行业服务的宗旨和理念，用户服务体验由此也进入

了新的发展阶段。在文化服务体验设计营销方面，突出的表现是 2015 年腾讯互娱与联合国教科文组织联合发起的"开放的传统游戏数字图书馆"项目，主要是依托腾讯在信息通信技术和泛娱乐方面的强大优势，结合游戏化营销，借助技术与创意联动等多维体验的方式，有效地将传统文化资源进行创新演绎、活态还原和传播，让用户穿梭在数字技术打造的便捷文化服务场景之中。

"心流"是美国心理学家米哈里·契克森米哈赖提出的一种精神状态。他认为，当人们做某项工作进入聚精会神的状态时，便会进入一种心理状态，这种心理状态就是心流[①]。而当游戏的参与者所拥有的能力水平与完成的任务挑战难度匹配等级越高时，参与者就越容易产生心流。

著名未来学家简·麦戈尼格尔（Jane McGonigal）曾在《游戏改变世界：游戏化如何让现实变得更美好》一文中说道，游戏的思维在于参与一个有反馈、通过努力不断进步的过程，并通过参与、激励、团队和创造可持续性的机制全情投入其中。[②] 在游戏营销活动中，只有通过不断深究，把握目标受众的心理动机，才能使基于文化服务策划出的营销活动具有可玩的价值，激发参与者的兴趣，从而使得心流触发点也被不断激发，进而使生成的临场感、沉浸感等心流体验情愫变得更加浓烈。这种游戏化的方式能够让用户在完成任务的同时，拥有更深刻的体验感，获得更多自我表达和展现的空间，从而产生情感共鸣，增强用户的体验内生价值。

游戏不仅是人类文化生活的重要组成部分，在新时代的历史演进中，也成为弘扬中华优秀传统文化的重要载体，以及了解传统文化的接触点。因此，在进行文化体验营销策划时，应通过一种外在的奖励和内在的满足二者有效结合的方式

① 洪柳，郭佳逸，葛仕钧.心流理论与用户体验设计 [J].艺术与设计（理论），2009（03）：178-180.

② 简·麦戈尼格尔.游戏改变世界：游戏化如何让现实变得更美好 [M].闫佳，译.杭州：浙江人民出版社，2013.

进行游戏化设计布局，设置成长体系架构，囊括进阶渴求、激励挑战、奖赏报酬和反馈行为等元素。在这一非游戏情境过程中，利用这些元素与用户之间形成黏性互动，例如，《王者荣耀》先后推出的长城保护计划，以敦煌文化为主题的"飞天杨玉环"皮肤设计，戏曲元素的融合，以及古风模拟经营类游戏《江南百景图》打造的梦幻江南水乡图景等，就是把传统文化的元素融进游戏营销体验场景中去，通过参与者沉浸式的参与体验，使无形的文化服务得到强化，以此唤起年轻一代对传统文化的激情与喜爱。

近年来，各大博物馆也陆续推出了"游戏＋"元素的新文创产品和文化体验服务项目，如故宫博物院出版的互动解谜游戏书《谜宫》系列、河南博物院"失传的宝物"系列盲盒等。这些服务项目就是通过"亲身参与—实验行动—获得激励"的游戏化流程设计步骤，以游戏互动体验的方式，提升用户的心流点，在吸引用户的同时，最终通过运用游戏的机制来实现整个营销活动传播效果的最大化。

因此，在文化体验占据主导位置的时代，文化服务提供者应当时刻树立一种游戏化思维的心态，用游戏化的产品及服务为用户提供更好的游戏体验。应关注与用户之间的互动效果，让用户能像玩游戏一样真正享受文化服务的价值共创过程，让业界看到游戏除了娱乐性之外，在文化性层面所蕴含的更深层次的内涵。

第四节　平台思维：开放共享与价值共创

当前，互联网特别是移动终端、大数据、云计算等的应用和普及，对人们的生产生活方式造成了革命性的冲击。互联网已经成为融入人们生活不可替代的重要工具，其对生产方式、消费方式、传播方式、表达方式的影响，在彼此交织中相互促进、不断增强，已逐渐凝结为不可阻挡的趋势。对于文化服务业而言，这一趋势既是挑战也是机遇。一方面，互联网技术的普及对传统意义的文化服务构成了冲击和挑战。互联网已成为满足人们文化需求的新的重要渠道，数字化、网络化的文化产品与服务内容更为多元，获取更为便利，对文化服务产品的需求度、接受度、参与度和满意度造成了冲击，已成为不可回避的问题。另一方面，互联网的普及和应用也为提升文化服务效能带来了机遇。互联网所具有的共建共享、互联互通等特征，使得原有的城乡区域差异、资源分散浪费、"最后一公里"制约、供给需求脱节、群众的知晓度与参与度不高等瓶颈的解决有了可能，也为文化服务拓展供给内容、创新供给方式、提升管理水平提供了新的技术手段。

互联网让不同个体可以同时进行信息交互，而实现的载体便是平台。平台汇集资源，以开放共享的方式将信息进行排列整理，便于有需求的个体可以用较短的时间找到所需信息，协助资源的多个需求方和供给方尽快联络到彼此，最终创造价值。文化服务有公共与商业之分，文化服务的平台也可有公益性质为主和盈利性质为主的。互联网商业平台的搭建大多分为三个步骤，即引流拉新、留存促活和获取收益。而公共文化服务平台的搭建流程较之则更为简单，通常只有用户注册、用户服务两个步骤。但无论是公共服务还是商业服务性质，文化服务平台的价值都是显而易见的，可归纳为资源汇集、开放共享和价值共创。

一、资源汇集：供给端与需求端的整合

文化服务平台的资源汇集是双向的，既包括资源供给端，也包含资源需求端。

平台汇聚符合人们的兴趣与需要的各种文化艺术资源,如历史记录资料、文化活动信息和联系方式等,同时也汇集利用资源的个人信息。以常见的地级市图书服务平台为例,专著、期刊、报纸及电子文献等是供给端主要汇集的资源类型,而需求端则可能是当地居民、外来务工人员以及其他有需要的平台用户。

图书服务平台通过将各类资料汇总、编码后有序放置,以便为不同的读者提供查询、阅览和文献传递服务。另外一类平台其本身没有资源,如近几年兴起的视频平台,需要汇聚内容及其生产方和消费方。生产方是内容的创作者或版权的拥有者,消费方则是免费或付费的观众或与生产方进行商业合作的个人或团体。此时,平台可以看作协助资源集聚并对接的媒介。

未来,文化服务平台将会进一步发展,在汇集更加丰富的文化资源的过程中,展现出以下三个新趋势。其一,文化服务平台将会继续寻找外来优质文化资源,购买并引入国内,让文化消费者能够接触到来自不同国家和地区的优秀文化资源,利用异地文化资源开发文化产品,激发文化系统的生命力。其二,文化服务平台在搬运外来文化资源的同时,也将会越来越重视本土文化资源的保护和创新,利用文化资源的可再生性,通过投资或参与众多文化作品的开发和制作方式,使传播更加广泛,文化价值不断扩张,推动新资源的生产。其三,随着 PUGC 模式的兴起,全新的内容生产模式不仅改变了传统的内容生产、传播方式,还将重塑内容行业格局和内容聚发生态,从而为更广泛的用户和业务需求方提供全新的内容聚发服务。文化服务平台采取激励措施,鼓励专业用户进行内容生产,利用数据算法将作品与可能感兴趣的文化消费者进行更为精准的匹配,并通过平台活动的举办为内容生产者提供作品推广的机会,增加作品的曝光量,同时也帮助内容生产者实现内容变现。

二、开放共享：互联网拓宽平台新特性

21世纪以来，与文化服务相关的平台不断被论证、搭建。比如，有研究将"文化创意产业公共服务平台"定义为，以资源共享和产业服务为核心，聚集和整合政府、企业、科研院所和高校的文化创意条件资源，运用信息、网络等现代科技形成的物质与信息服务平台，通过建立共享机制和运营管理组织，为文化创意产业发展提供公共便利、创造公共条件的开放、共享的服务网络、体系或设施。[①] 可见，对平台的概念理解体现了开放、共享和服务等概念。

借助于"互联网+"，文化服务平台越来越具有智慧性，这使得其共享、服务的能力和效益不断提升，可有力推动文化服务供给侧改革。比如，供给主体更为多元，社会、企业、个人参与文化服务的平台更为宽广，渠道更为顺畅；供给内容更加丰富，线上线下相结合，科技文化相结合，不仅丰富了文化服务产品的数量，同时也增强了其影响力、传播力和感染力；供给方式不断创新，传播网络化、供给便利化、资源平台化等新理念与新方式，使文化服务的透明度、参与度、精准度、满意度、覆盖度明显提高；供给管理日益完善，大数据、人工智能等技术的应用，为掌握群众需求、产品效益评估、经验总结交流等方面提供了更为有效的工具。

可见，互联网的加入让文化服务平台越来越有"数"，数字化工具运用程度的提升，也展现了平台的一般特性中智慧性的变化。截至2020年年底，全国公共图书馆系统实施数字图书馆推广工程，面向全国共享的数字资源已超145TB[②]。目前，由文化和旅游系统主导建设的国家公共文化云及大批地方公共文化云平台，

①　赵继新，楚江江.北京文化创意产业公共服务平台构建研究[J].北方工业大学学报，2011，23（2）:1-7+18.
②　王彬.在实践中寻求正确"打开方式"[N].中国文化报，2021-12-06（3）.

已经具备了看直播、享活动、学才艺、订场馆、读好书等服务功能，移动端服务性能和应用体验得到了大幅提升。

汇集了众多资源的文化服务平台需要尽可能开放，并且让更多的人共享资源。当平台处于开放的状态下，资源的提供者和生产者就会被广泛地吸引并容纳入平台中，而资源的需求者和消费者就能在平台上找到所需的资源，进而对平台产生信任感和依赖感，并继续使用平台。

平台资源因为开放而得到了双向的扩大，平台机制也因为资源的丰富而被推动着运转起来。平台将丰富的资源对外开放，除了鼓励更多资源的进入，也让更多的人发现和使用文化资源，从而真正实现其发展成果由人民共享。特别是对于经济发展水平落后的偏远地区，文化服务平台的搭建为许多人打通了文化知识的获取渠道，在一定程度上促进了教育公平的实现。

三、价值共创：由传统单向变数字化多向联动

随着数字技术、网络技术的飞速发展，新型、高效的数字文化传播形态大大改变了基层群众的文化消费心态。读书看报、唱歌跳舞、写字画画、听广播看电视等传统意义的公共文化服务，早已满足不了群众的文化需求。相应地，远程培训、在线鉴赏、数字展览、现场体验等服务升级为文化新宠。

以上海市群众艺术馆为例，仅活动预约、场馆预订这两项数据，便足以说明群众对文化的热情。面对群众活跃的线上文化生活，通过场馆联动积极回应，上海各区文化馆已经能够做到非业务类数据同步频率为 15 分钟、业务类数据同步频

率为 24 小时，由此形成实时数据系统，再通过对接专用平台输出历史数据、周期性数据、实时数据，指导服务优化。经过多年实践，数字文化建设已经由平台化进入流程化运作，亟待解决历史数据庞杂、数据采集实时性、数据传输安全等问题，提高数据采集方与供应方接口兼容度，让更精确的数据激活更精准的效能。

又如，安徽省马鞍山市的公共文化服务正在一条数字链条上运行。大数据体系建设以赋予大数据性格和价值的方式，提供了更便捷、新颖、有趣的数字化服务方式，丰富了文化服务场景。2016 年建成的"文旅马鞍山"基层综合服务平台，设有文化约、文化通、文化游、文化购四大板块，内容涵括文化活动、场馆预订、艺术培训、志愿服务、非遗产品、优秀剧目等，至今已建设全市数字文化资源近万条，线上服务覆盖近 500 万人次，线下接待近 30 万人次。

这些数据直接存储在自有的云服务器中，构成了马鞍山市独有的数字资源库。马鞍山市于 2017 年建成"文旅马鞍山"基层公共文化服务平台，2018 年建成"文旅天下"和"文旅绩效"微信小程序，2021 年对接文化和旅游部"公共文化服务大数据重点实验室"，并完成样本点数据信息采集的技术支撑，形成了可查、可阅、可约、可购、可游的融合服务平台。

此外，马鞍山数字文化馆还实时为居民提供互动式的文化体验，并根据用户信息优化服务模式。用户端可通过预约、报名、投票、评论等参与积分兑换，反馈服务效能；机构端则可通过资源布局、活动配置、绩效管理等，强化精准供给，进行服务考核。

由此可见，平台的价值不仅在于平台本身，更重要的是创设了文化服务的生态。人们常见的一些视频平台提供了视频展示的地方，让视频的创作者和版权拥有者意识到能够通过内容生产获利，从而不断地输出作品，为平台提供丰富的文化资源。

视频的消费者注意到平台能够为其提供一定的文化服务，满足其精神需求，进而选择长期使用平台，支持平台和内容生产。平台连接资源的供给端和需求端，让双方在平台上完成价值交换，同时也带动了资源供给端的发展，培养了需求端的使用习惯。

文化服务平台的资源供给端生产大量内容，通过平台的展示，可以更为及时和精准地传递给资源需求端；而需求端通过平台可以更为便利地获取文化资源，并且在查找和使用文化资源的过程中留下一定的"记录"，这些"记录"能更好地指导平台提供文化服务，甚至反馈给资源供给端的内容生产者。在这一双向流动的过程中，文化服务平台的运转不断推动文化产业发展生态环境的形成，最终在良性循环中满足各方的利益诉求，并创造共同的价值。

随着文化大数据资源生态的持续发展，文化服务平台不再只是做到信息可及，而是通过"数据聚合—数据加工—数据开放"，实现文化数据资源在人们日常生活中的广泛融入的终极目标，激发人们进行文化交流的意愿，提升大众参与度，打造可互通互联且具有探索性和具身性的公共文化服务平台。[1] 文化服务的提供者会以数据为基础，以平台为依托，深入洞察人们的文化需求，并优化公众的文化体验。

---

[1] 郭寅曼，季铁，闵晓蕾.文化大数据公共服务平台的可及性交互设计研究 [J].艺术设计研究，2021（05）：50-57.

第二部分

文化体验设计

第四章
体验式文化产品的内外驱动力

互联网技术的发展让消费者的个人意志在市场商业行为中占据了越发重要的地位。在这一背景下，杰克迪什·N.谢斯（Jagdish N Sheth）及本瓦利·米托（Banwari Mittal）在《消费者行为学——管理视角》一书中提出了"消费价值"的概念。他们认为："所有消费者行为都是在消费者所寻求的市场价值的驱动下形成的。"[①] 而基于"消费价值"这一核心概念，杰克迪什·N.谢斯及本瓦利·米托将驱使消费者行为的价值因素划分为两类，即所有消费者共同追求的一般价值与个体消费者所需的个人价值。

杰克迪什·N.谢斯与本瓦利·米托在分析影响消费者一般价值与个人价值的因素时，将其大致归为两类——外部决定因素与消费者内心的思维方式。外部决定因素包括但不限于社会经济的发展状况、自然环境、种族性别等，它们共同影响着消费者追求的一般价值。而个人性格、所处阶层、教育背景等这些综合因素影响形成的消费者内心的思维方式，则直接体现在消费者追求的个人价值中。[②]

对于体验式文化产品来说，"体验式＋文化"双重要素使得产品受众具有明显的个性化特征。倾向于选购"体验式"产品的消费者，往往具有更主动的消费欲

---

① 杰克迪什·N.谢斯，本瓦利·米托.消费者行为学——管理视角[M].罗立彬，译.北京：机械工业出版社，2004：14.

② 杰克迪什·N.谢斯，本瓦利·米托.消费者行为学——管理视角[M].罗立彬，译.北京：机械工业出版社，2004：27.

望，更明确的消费目标，更多的情感需求与精力投入，以及可供支配的有闲时间与经济预算。在这些因素之外，"文化"产品的消费受众格外受到教育水平与民族文化的影响，长期潜移默化的思想文化影响，使得他们具有更强的求知欲与探索欲，更容易对某一方面的垂直领域感兴趣，并且具有更强的消费黏性。因此，相较于一般大众文化商品，体验式文化产品的消费受众中的"长尾效应"更为突出。

因而，从体验式文化产品的消费者大致的特征来看，他们与普通的消费者有着一定的差别，或者说，消费者在进行体验式文化产品的消费时，会受到更多因素的影响。那么结合消费者行为学的理论原理以及现实案例来看，体验式文化产品的消费者行为受到外因与内因的共同影响。外因决定了体验式文化产品在当下社会背景下的存在基础，而内因决定了消费者个人的选择对个性化消费显著的体验式文化产品的发展方向。

第一节　何为体验式文化产品

2021年10月15日，爱奇艺发布了筹备已久的"华夏古城宇宙"系列IP开发计划。在这个IP下，爱奇艺将打造《风起洛阳》《广州十三行》《两京十五日》等地域文化鲜明的剧集，这一系列IP承载着用户对传统文化同根同源的认同和热爱，希望助力中国古都历史文化的发扬传承。爱奇艺专业内容业务群（PCG）总裁兼首席内容官王晓晖称："希望以此达到IP各环节的互通融合，为用户打造全新的内容场景和文化消费。"

文化消费其实是一个很抽象的概念。广义上的文化是人类社会的生存方式以及建立在此基础上的价值体系，是人类在社会历史发展过程中所创造的物质财富和精神财富的总和，是一个大而泛的概念。但是抽象的文化是不能被作为商品消费的，不管是以物质还是非物质的形态存在，都要在市场中进行产品化的转变。

皮埃尔·布尔迪厄在广义的"文化"范畴的基础上，将"文化商品"分为三个层次。第一，正统的范围，包括绘画、雕刻、文学、戏剧等；第二，准正统的范围，包括电影、摄影、连环画、科幻小说等；第三，任意的范畴，包括运动、时尚、食品烹饪、家居装饰等。从商品化的维度上来讲，这一分类方式呈现出逐次递增的趋势，而与之相反的是艺术性的逐次消解。

一、大众文化的兴起

（一）大众文化需求的觉醒

在人类进入工业革命之前，文化艺术往往具有一定的特权属性，绘画、戏剧、工艺品，乃至文学作品都只有社会中占据少数的精英群体才能拥有。即便是文化鼎盛、市民阶层兴起的宋朝，日常的文化娱乐消费也具有绝对的阶级性与相对的稀缺性。真正让文化消费作为一般消费形式下沉到普罗大众，并催生出大众文化的是工业革命的出现。

工业生产要求工人必须掌握一定的知识去操作生产机器，当大量掌握了知识的工人出现后，整个阶级的觉醒便是必然的，且这种觉醒是方方面面的——工人开始有了自己的文化消费需求。他们自觉地与传统的精英文化割席，并通过文艺作品不断加强阶级区分，用文艺作品赋予工人阶级力量，并以此为武器团结广大工人群体。此时有别于传统精英文化的大众文化逐渐地在中下层社会兴起，并伴随着工业文明的技术革新以及现代主义思潮的兴起，在"二战"后成为主流文化。

但在大众文化的发展过程中，艺术文化下沉的另一面是资本对文化产品的控制以及消费主义对文化艺术的"绑架"。在这一背景下，霍克海默与阿多诺提出了具有批判意味的"文化工业"理论。

霍克海默和阿多诺在《启蒙辩证法》一书中提出了"文化工业"这一概念，用来批判资本主义社会下大众文化的商品化及标准化现象。他们认为，文化工业所生产的文化产品，丧失了文化本该具有的批判和否定精神，而成为被利益裹挟的文化产品，从根本上无法实现艺术的超越性，文化与娱乐的过度结合，会导致知识娱乐化，消解文化艺术的严肃性。标准化、程序化和复制性的商品化生产正在逐步消解传统文化与艺术的"韵味"（aura）。

但是，当下的文化产品确实更强调其商品性。在商品经济的背景下，一般用文化产品来指那些传播思想和生活方式的消费品，其主要功能是提供信息及娱乐。实质上，文化产品仍然是一种市场产品，文化元素通常作为产品附加值而存在，为产品增加更多无形"价值"，最终目的是为了更好地获取收益。而这也是霍克海姆与阿多诺提出"文化工业"的原因之———文化艺术中艺术性与思想性的主体地位被商品属性消解了。

在文化工业体系下，资本通过文化产品对大众进行思想奴役，如大量流水线生产的充斥着暴力色情元素的好莱坞电影，提倡奢侈炫耀性的时尚消费等。被市场左右的文化消费是资本对大众精神的剥削，这也致使霍克海姆与阿多诺对文化艺术大众化的趋势持有了激烈的批判态度。

（二）成为主流的大众文化

但是当最基本的生理需要得到满足后，人类必然会主动去追求精神的需求。

大众文化的流行，艺术与文化精英控制权的下放，在一定程度上与整体社会层面物质生活的提升有着必然的联系。这一趋势并不以个人意志为转移，并且当时正处在 20 世纪后半叶。那是一个紧张危险，但极富激情与创造力的时代，在两种意识形态的比拼下，人类文明获得了前所未有的发展速度。在人类群星闪耀的时代，带来的是大众文化发展的黄金时期。

欧美纷繁复杂的现代艺术流派，从抽象表现主义到波普艺术，在西方现代哲学的影响下，从文学、绘画到戏剧、电影都产生了深刻的变化。而苏联则在现实主义与古典主义的基础上不断拓展，形成了独具俄罗斯韵味的美学风格，无论是极具古典美学意味的莫斯科地铁站，还是各类表现苏维埃建设事业的宣传海报、建筑风格，都对艺术品乃至工业产品产生了深远影响，且全民普惠的艺术教育深刻地影响了苏联的大众艺术审美，为之后苏联乃至俄罗斯的大众文化发展奠定了扎实的基础。

物质文明的发展以及大众教育的普及，推动了大众审美需求的不断升级。这种整体的审美进步让具有阶级批判意味的"文化工业"逐渐发展成为"日常生活审美化"，消弭了艺术与生活的界限，大众文化逐渐取代精英文化成为社会文化发展的主流。

正因如此，文化艺术的市场化、商品化趋势是必然的。而当时间进入 21 世纪，计算机的普及带来了生产力的变革，也催生出了新的文化产品类型——虚拟文化，并逐渐给传统文化产品带来巨大挑战。这将成为大众文化与精英文化的交替之后，又一次两种文化艺术维度的角逐。

二、以人为核心的体验式文化产品

根据体验经济的标准含义："它指的是一种企业以商品作为道具，以服务搭建舞台，将消费者当作服务中心，从而创造出一种能够使消费者参与并且值得消费者产生某种回忆活动的经济形态。"① 体验经济中的核心是将消费者在消费过程中的"感受"提升为"体验"，更加深度地参与到产品的生产消费中，以便在消费者获得更多消费体验的同时，投入更多的情感在产品与品牌中，培养消费者品牌忠诚度，增加消费者黏性。

这是一种纯商业的行为，随着人均收入的不断提升，更多的"有闲阶层"开始追求更加丰富多元的消费享受。在生产者与消费者身份明晰的服务经济下，规模效应在部分市场领域中开始减弱，这一点在文化娱乐及快消品市场中格外突出。

品牌方希望通过个性化、定制化的经营生产模式尽可能地满足更多消费者的需求，但是个性化对应的必然是市场的不断细分，这与生产者不断追求更大市场的商业本能是背道而驰的。因此，生产者往往要营造丰富多样的产品"噱头"，以吸引更多垂直细分领域的消费群体。

例如，近几年兴起的"网红"咖啡品牌——三顿半。这是一家主打冻干咖啡粉的饮品品牌，在2018年刚推出时对标的产品是雀巢、星巴克、永璞等咖啡企业。但是为了进行差异化营销，三顿半在常规的产品营销手段之外，加入了一个独特的元素——环保。三顿半为产品设计了一套特殊的外包装，不同于以往咖啡品牌的一次性塑料软包装，三顿半采用了硬质的可回收的塑料材质，并且提供了定期的回收计划。

环保元素在同样的咖啡粉品质下立刻成为产品新的营销卖点，并且精准地锁定了一定的受众群体——一、二线城市的都市白领。这是一个庞大且具有极强购买力的消费群体，他们有一定的经济实力，但是同时追求产品性价比，并且更看

① B. 约瑟夫·派恩（B Joseph Pine），詹姆斯·H. 吉尔摩（James H Gilmore）. 体验经济 [M]. 毕崇毅，译. 北京：机械工业出版社，2012：3.

重品牌文化与产品理念。在垃圾分类以及各类环保热点议题的影响下，他们也更加认同并会优先选择带有环保元素的产品，这与互联网的普及程度以及地区发展程度有着密不可分的关系。

环保往往不是一个简单的生态问题。

而另一个延长品牌价值的卖点就是"返航计划"。三顿半将咖啡罐的回收计划策划成了一场线下的品牌活动日，并为其配套了公益活动与周边兑换，周边也大多推出的是与小众艺术家、独立乐队、潮流空间等进行联名设计的产品。这一系列提高消费者参与度与体验感的营销行为，完美地诠释了商家是如何通过提升消费体验来强化消费者对品牌忠诚度这一过程的。

从一罐咖啡中体现出的是一个市场品牌针对目标受众群体进行的产品创新，甚至包括对文化消费的内容丰富，这背后反映出的是消费者所追求的一种市场价值。"消费者价值"是杰克迪什·N.谢斯和本瓦利·米托在《消费者行为学——管理视角》一书中提出的理论。从消费者价值的角度来看，所有的消费者行为都是在消费者所寻求的市场价值的驱使下形成的，一般分为消费者所共同寻求的一般价值和个体消费者所寻求的个人价值，消费行为的目的不再局限于商品本身。

第二节　影响体验式文化产品消费者行为的外部因素

一、政策导向

在新自由主义经济框架下建立起来的西方消费者行为研究理论中，普遍认为政府的公共政策会导致经济社会失去活力，经济活动应该建立在完全市场化的基础之上，通过私有化来推动企业竞争，进而为消费者提供更优质的服务与产品。

但事实上，这个逻辑是无法成立的。

在一些行业中，消费者的公平性与安全性需求反而要比市场竞争带来的优胜劣汰更为重要，完全的市场竞争反而会带来恶性竞争，乃至私人垄断的恶果。此时，反而需要相应的法律政策来引导与限制，才能有效地保护消费者的合法权益。比如，在文化艺术领域，各国、各民族反而更倾向于保护主义，通过"文化例外"来保护本土文化，避免以美国为首的地区文化对世界其他地区文化的侵蚀。

"文化例外"最初在20世纪90年代由法国提出，由于法国长期以来在欧洲的文化统治地位以及法兰西强烈的民族主义与集体情感，使得法国格外重视对本土文化的保护，以此确保在国际化浪潮最汹涌的背景下，法国可以始终保持文化上的独立性，尽可能避免美国流行文化对法国文化的渗透。后来"文化例外"的原则也随着美国文化霸权的式微与各地本土文化崛起的趋势被越来越多的国家所认同。

中国与法国都重视对本土文化的保护与政策性引导，但也有不同之处。中国对文化的改革始终坚持"扬弃"的原则，毛泽东早在延安文艺座谈会时就确立了革命文艺是为人民群众，首先是为工农兵服务的根本方向。这成了文艺界整风运动的起点，确立了党的文艺工作的根本方针。新中国成立后，整个文艺领域从"百花齐放"到"改人、改戏、改制"的戏曲改革，再到当下整体层面的"文化自信"、具体领域的传统工艺振兴计划或对现实主义文艺的倡导等，这些由上而下推动的国家政策为文艺发展确定了纲领方向，在对中华优秀传统文化进行保护与改革的同时，确保了社会主流文化产业的发展与各垂直亚文化领域的培育。

另外，在文化产品的市场化过程中，相关政策法规的存在不仅仅是为了保护本土文化的发展及消费者相关权益，也是在尽可能减少文化产品过度市场化对本土文化本身的负面影响。对于"文化工业"中资本对文化的侵蚀，首先建立起政策层面的保护层，并且从上到下的垂直管理系统的建立，也有助于在文化政策执行过程中实施监督与纠错。比如，在非物质文化遗产的保护过程中所推行的传承人研培计划，虽然确实有助于传承人之间的经验学习与技能提升，但是也出现了不同非遗项目之间同质化的现象。面对这种现象，在政策层面就应首先明确指出要遵循非遗的整体化保护原则，不仅仅是保护某一个项目，而是将其赖以生存的文化土壤都要考虑在保护范畴之内，如此一来，才能保证非遗项目的活态传承。可见，政策的制定与执行是为文化保护与文化产业发展划定了上限以及红线。

二、民族文化

"文化是社会的个性。"[1] 文化是组织或社会成员之间共有的意义、意识、规范和传统的集合。它是一个民族或国家集体记忆所形成的，社会成员之间的最大公约数，这也就意味着文化会影响群体的行为与偏好，那么自然也包括消费行为。

比如，中国的中庸之道、"仁义礼智信，温良恭俭让"等等传统文化思想在数千年的传承中形成了中国人的集体无意识，反映在消费者的行为中通常表现为中国人更容易被家国情怀打动，更容易对体现民族文化的产品有亲近感，相反地对极端先锋的艺术或产品会表现出消费迟疑。而受到嬉皮士文化影响的美国20世纪

---

① 迈克尔·所罗门（Michael R Solomon），消费者行为学 [M]. 卢泰宏，杨晓燕，译. 北京：中国人民大学出版社，2014: 344.

60 年代的整整一代人，他们在表现出开放大胆的同时，又执着地追求与向往纯粹的"香格里拉"，所以那一时期哥特式电影与藏地朝圣游对于欧美年轻人都格外具有吸引力，这背后有着深层次的社会原因，也是直接受到了各种社会思潮、流行文化的影响。

通常来说，社会中的成员是无法察觉到这种集体无意识的文化影响的，消费者往往在潜意识中会对具有文化归属感的产品有好感并产生购买欲望，只有当不同于自身文化习惯或记忆的行为或产品出现时，成员才会表现出不适与反对。例如，2021 年引起社会广泛争议的《雄狮少年》。这是一部在上映前被业内寄予厚望的动画电影，因为其中醒狮这一传统文化元素与另辟蹊径的故事题材，投资者们认为这部电影会延续近几年国产动画的票房吸引力，至少可以在春节档实现 10 亿元票房的收入。然而，这一投资预想，却因为电影深陷辱华风波而破灭。这次舆情风波直接导致电影取消上映，即便在点映期间提前看过电影的观众中，不少从艺术性与电影商业价值的角度给予了该片比较正面的评价。但是对于"眯眯眼"这种典型的歧视标志，广大消费者在情感上产生了强烈的不适感。无论制作组是否有意识去触犯这一条文化禁忌，结果就是他冒犯了一个群体的民族情感，这完全不同于消费者个人的审美好恶，而这部影片又是以极具中华民族传统文化代表性的"醒狮"为主题，这无疑是自毁长城。

所以，消费者行为和文化间的关系是双向的。一方面，在一般情况下，消费者更可能接受与当时文化相一致的产品；另一方面，当某种文化成功引发了产品创新，也为消费者提供了全新的认识主流文化的窗口。毫无疑问的是，最了解本国、本民族文化的只有世世代代生于斯长于斯的人民，所以文化产品的叙事方式可以创新，但文化内核要符合本国、本民族人民的文化习惯，不能一味地强调所谓的"艺术个性"。当自诩"先进"的他者文化叙事与本土故事内核产生矛盾时，要优先尊重本土消费者的民族情感与文化传统。并且随着全球范围内本土文化自觉的普遍趋势，民族文化对消费者行为的影响也越发重要，这要求文化产品的产出者必须始终保有文化敏感性。

三、社会化媒体

2022 年 2 月 25 日，中国互联网络信息中心发布了《第 49 次中国互联网络发展状况统计报告》。该报告显示，截至 2021 年 12 月，我国网民规模达 10.32 亿人，较 2020 年 12 月增加 4 296 万人，互联网普及率达 73.0%。人均每周上网时间长达 28.5 小时，较 2020 年 12 月提升了 2.3 小时。[①] 可以说，虚拟生活如今已经成为现代人类生活不可分割的一部分，社交、娱乐、工作、学习，甚至是旅游都可以在互联网上完成，这些汇聚成一个巨大的虚拟网络世界，并反过来影响人们在现实世界中的生产生活方式。

人们很明显地发现，近些年来，随着互联网社交平台的不断发展，逐渐催化了一场社会化媒体的革命，人们在无限扩展的虚拟世界中进行社交生活，寻找千里之外的同好朋友，在社交平台上与陌生人因为某一个观点产生争执。这些社交行为都在大数据的运算分流下，形成了一个个或大或小的网络社区。

一位社会学家把网络社区定义为电子空间（cyberplace）——人们在那里通过网络与知心伴侣联络，与他们建立积极友善的关系，为网络行为赋予意义、归属

---

① 中国互联网络信息中心 . 第 49 次中国互联网络发展状况统计报告 [R]. 中国互联网络信息中心，2022.02.

和身份。① 在社会化媒体的影响下，文化产品的消费者也逐渐分为两类，一类是自发聚集，另一类是被动形成。前者以兴趣社区为主，后者以品牌社区为主，它们的区别只在于信息搜集与接收的主动程度。

那些自发形成的兴趣社区，他们以某一种微型文化（microculture）为基础，自愿选择认同一种生活方式及审美癖好。② 以早期互联网中出现的兴趣社团最为典型，如今这种网络社区仍然是各类亚文化、小众群体活动的主要场所，比如，网络配音社团、古风音乐社团、cosplay 社团、手工社区、模型社区，等等。这些同好社群以年轻人为主，他们喜欢追求新鲜事物，有无穷的社交需求，不愿追随主流的价值与审美。

这些特征随着社会化的媒体逐渐影响到更多的年轻人，尤其是"网生代"，他们一出生就迎来了互联网的全面崛起，网络社区甚至成了他们社交的主要场所，如此庞大且具有潜力的群体，成了如今亚文化、小众文化圈规模化、商业化的市场基础。这些消费者因为相对富裕的物质生活，愿意为自己的兴趣爱好消费。

而相比于兴趣社区，另一类被动形成的品牌社区，则更多地受到品牌方内容营销及大数据运算的影响。在体验经济的时代，消费者更注重产品以外的消费体验，这种需求在互联网及社会媒体出现之前几乎是无法实现的。品牌方无法细致地了解消费者的个性化需求，而消费者也只能通过商家在报纸和电视上广告来判断商品的价值，于是专注于产品包装的广告行业逐渐兴盛起来。

随着社交媒体的全面普及，消费者不再需要广告来告诉消费者如何选择产品，

① 迈克尔·所罗门（Michael R Solomon），消费者行为学 [M]. 卢泰宏，杨晓燕，译. 北京：中国人民大学出版社，2014: 282.
② 迈克尔·所罗门（Michael R Solomon），消费者行为学 [M]. 卢泰宏，杨晓燕，译. 北京：中国人民大学出版社，2014: 321.

他们选择自己去做"产品攻略"，自己选择适合自己的产品。但是真实的情况是，这些自己浏览的内容，往往都是大数据的定向推送。品牌方开始有意识地通过"自发的推荐"、具有吸引力的品牌活动、迎合当下流行理念的品牌文化等元素来塑造品牌的文化价值，于是开始出现各类"种草社区""专属 tag"等。

品牌社区内的消费者通过产品彰显自己的品位，且对使用同样品牌或产品的其他消费者有着天然的认同感。当同一品牌的忠诚消费者越来越多时，这种互相的认同感会不断巩固消费者对品牌的忠诚度，这就是一种集体价值观的形成过程。

其实这种集体价值观同时存在于所有的网络社区中，无论是主动还是被动，消费者都需要一种共同的价值观才能被凝聚在一起，并不断地接受共同的文化审美影响。尽管年轻人往往追求个性独立，但是他们仍然会选择与某一个小群体保持一致，且比普世的主流文化更具有群体一致性与凝聚力。

四、技术革新

"技术是塑造未来消费者价值的第二种力量"[1]，越来越便捷的信息技术改变了生产方式及市场交易流程。更为丰富的产品及多元化的市场营销方式，重新建构了消费者的消费行为。而信息化的普及让消费者拥有更大的灵活性与控制力，他们不满足于批量生产的复制标准商品，转而追求定制化的产品与服务，这在一定程度上也反映出消费者对生活方式的个性化需求。

我们在实际的市场经济生活中有着深刻体验，技术的革新为文化产品带来了

---

[1] 杰克迪什·N. 谢斯，本瓦利·米托 . 消费者行为学——管理视角 [M]. 罗立彬，译 . 北京：机械工业出版社，2004：80.

生产效率的提升，以及工艺流程与材料的优化。文化产品中的很大一个种类是代表传统生产方式的手工艺品。这些产品在高度信息化的社会中成为了被"淘汰"的生产方式，但也是在这个时代中，它们成了具有人文关怀与情感寄托的寄情之物。

新的产品价值为传统手工艺产品提供了可观的市场规模与受众群体，但是面对庞大且复杂的消费需求以及消费者转瞬即逝的消费欲望，对生产方式的改革是需要借助技术革新来实现的，比如，科学控温对陶瓷烧制良品率的影响等。

生产方也通过互联网与大数据的结合，获取了海量的消费者行为数据，这些数据成了一个超大型的试验台，生产方可以通过这些数据进行精确的"窄播"——针对小规模消费者群体的广告信息推送，进行精准化的产品推送，提高传播效率，而更为便捷的物流以及充斥各类信息的智能产品，为消费者营造了极为便利的消费环境，更轻而易举地购物行为也带来了更多的冲动消费。

但是在这些显而易见的消费现象之外，技术改革对于文化产品乃至传统文化艺术的发展还有更为深远的影响，那就是推动了传统文化艺术在当代的适应性发展。受技术变革影响最深的莫过于传统工艺，蒸汽机的出现直接导致传统纺织业的衰落，而在当下的社会环境中，传统工艺作为活态存在的文化遗产，它的生命力就体现在适应时代发展的自身演变过程中。

这种演变存在两种形式，一种是传统工艺随着社会生产力的发展而自然产生的变化；另一种是在社会转型期突发的被动转变。通常来说，前者具有内部性，是自然的、顺势而为的缓慢变化，强调内部的延续性；后者则具有外部性，在受到外部冲击时，主动寻求与外界的联系并进行自身的转变，这种突变在强调延续性的同时，更突出多元化的发展。通过多元化的文化产品来推动传统文化艺术的可持续发展，以激活自身的发展活力，是技术改革带来的更为重要的影响。

第三节　体验式文化产品消费者的内在驱动力

在美国斯坦福咨询研究所（SRI International，Inc）提出的 VALS™① 系统中，将驱动人类行为的因素归结为个人倾向和资源。个人倾向分为三种对人类行为产生正面影响的倾向，即原则、地位和行动。原则倾向的消费者更多地受到抽象的、理想化的标准指导，而不是被感觉、时间或者别人的认可或意见所驱使。地位倾向的消费者会将产品和服务作为一种个人成功的体现。行动倾向的消费者会受到社交活动、寻求多样性和冒险的愿望驱使。②

而资源所涵盖的内容则更为广泛，它既包括人们的心理、体力、人文教育以及物质上的手段和能力，也包括教育、收入、自信、健康和精力等水平。这些资源在个人成长的上升期时是持续增长丰富的，而当身体、年龄跨过一个节点后，则会逐渐下降。

所以不同的个人倾向与资源组合会产生不同的消费者类型。SRI 在对美国消费者进行大量数据调查后，大致将消费者分为八个群体，即实现者、完成者、成就者、体验者、信奉者、奋斗者、制造者和挣扎者。③

在 VALS 分类中的体验者是怎样的一类人呢？

他们受到行为倾向的影响，且处在人生的上升期，通常更具有活力、热情与

---

① VALS™ 系统的全称为价值观念与生活方式结构系统，是一种观察理解人们生存状态的方式，通过人的态度、需求、欲望、信仰和人口统计学特征来观察并综合描述人们。
② 杰克迪什·N. 谢斯，本瓦利·米托. 消费者行为学——管理视角 [M]. 罗立彬，译. 北京：机械工业出版社，2004：139.
③ 杰克迪什·N. 谢斯，本瓦利·米托. 消费者行为学——管理视角 [M]. 罗立彬，译. 北京：机械工业出版社，2004：139.

反叛精神。他们寻求多样化和刺激，他们喜欢新颖异常、有风险的产品和服务。他们的人生观和行为模式也正在形成中，因此他们很快会对新选择产生热情，但热情很快就会冷却。他们的经历都用在锻炼、运动、户外娱乐活动和社交活动等上面。体验者们精力旺盛、充满渴望，他们将大部分收入都用在服装、快餐、音乐、电影等上面。①

这类人群与体验式文化产品的受众有极高的重合度，他们受到自我价值观与时下生活方式的影响，愿意通过消费体验将民族情感与个人情感融入具有象征意义的文化产品中。这正是市场营销过程中的一个基本观点，即消费者购买的不是产品或服务，而是利益。而利益代表的消费者需求，包括物质需求与精神需求。

一、价值观导向

消费者在进行购买行为之前通常会通过多种平台进行信息的收集，对产品进行对比考察，知识信息的积累在一定程度上反映出消费者趋向专业化的发展趋势，这种专业化建立的前提是在物质生活需求得到基本满足后，有部分余力来参与回报较低但能够满足一定精神文化需求的活动。"这样的超级专业化未必是利益最大化策略，而是意义最大化策略。"② 因此，消费者会格外注重产品本身的意义与价值。

---

① 杰克迪什·N. 谢斯，本瓦利·米托. 消费者行为学——管理视角 [M]. 罗立彬，译. 北京：机械工业出版社，2004：141.
② 克里斯·安德森. 创客：新工业革命 [M]. 北京：中信出版社，2015：92.

这种价值的获取与传递在传统工艺中主要体现在，当传统文化爱好者希望能够亲自体验传统文化的魅力时，相较于其他非遗项目来说，以产消者的身份体验传统工艺的制作是最简单直接的方式之一。并且可以作为体验传统文化的一个引子，随着专业化程度的提高，去逐步尝试其他非遗门类的体验学习。

以 B 站手工区 UP 主"雁鸿 Aimee"为例。2018 年，《延禧攻略》的热播使得"绒花"这项传统手工艺品进入了大众视野，一时间 B 站手工区出现了众多绒花的攻略视频，"雁鸿 Aimee"借助这股热潮上传了自己的第一个自制视频。她是一个热爱中国传统服饰文化的手工爱好者，在其兴趣引导下，以饰品为主要创作题材制作了一系列手工教程视频，涉猎了绒花、烫染花、仿点翠、手工团扇、仿苗银头饰等传统饰品的制作技艺。随着制作水平的提升，她开始尝试将自己制作的饰品与汉服等传统元素相结合，从而更综合地展示了中国传统女性的中式审美风尚。

截至 2021 年 1 月 29 日，"雁鸿 Aimee"已经拥有了 38.2 万名粉丝，收获了 152 万的点赞，作为 B 站手工区 UP 主已经是很可观的关注量了，这是对优质作品的反馈，但同时也证明了"雁鸿 Aimee"在传统工艺中的创新是被大众所认可的。事实上，"雁鸿 Aimee"的饰品制作教程与传统工艺有一个很大的不同，她通常会选用一些日常生活中常见，但是在传统工艺中很少会使用的材料制作饰品，例如，用易拉罐仿制点翠、苗银头饰，用热缩片复原《簪花仕女图》中的仕女头饰等，材料的创新作为视频的营销点之一，也为传统工艺赋予了新的活力。

"雁鸿 Aimee"这类的手工爱好者是典型的产消者，他们通过自己对传统工艺的认知与理解来产出自己的作品。尽管他们不是专业的传统工艺传承人，但是从业余爱好者的角度来看，已经达到了"超级专业化"的水平。他们进行作品产出时，是以满足个人对传统文化的兴趣与体验为目的的，同时也在作品传播的过程中间接地实现了传统文化的价值传递。

二、生活方式

生活方式是一种消费模式，它反映了一个人选择如何支配时间和金钱。从经济学的角度来看，一个人的生活方式代表了这个人所选择的收入分配方式，包括不同产品和服务中的相对分配，以及在这些品类里所进行的特定选择。[①] 从概念上来看，当消费者选择何种生活方式时，就意味着消费者带有了一定的消费倾向，所以那些塑造某种生活方式及身份象征的产品，往往是信息密集型产品，例如，美食、高科技、文化娱乐、教育等，这些都需要消费者通过信息筛选，选择符合自己消费倾向的内容。由此可见，所谓的"信息密集型产品"，其实和文化产品有异曲同工之妙，即便是美食，也会有着地区特色、民族特色等。

目前中国已经拥有了全世界最大的中产阶层，并且随着国力的不断上升，中产阶层在中国人口中的占比还将持续扩大。如此庞大的消费市场产生了可观的文化产品消费需求，尤其这部分群体是目前社会中最能体现当下社会发展程度与发展方向，并接受过高等教育的一个群体。在国内文化产品市场尚未成型的时期，大量的欧美文化娱乐品牌进入中国，在一段时间内塑造了部分中国人的生活方式。

"产品是搭建生活方式的积木"，跨国大企业，尤其是直接面向消费者的时

---

① 迈克尔·所罗门（Michael R Solomon）. 消费者行为学 [M]. 卢泰宏，杨晓燕，译. 北京：中国人民大学出版社，2014：311.

尚、服饰、日化等产品，会格外注重品牌个性与生活方式之间的联系。所以他们会选择和某种具有象征性符号或受众细分明显的文化艺术元素进行结合，也就是联名的形式，来获得某一部分消费者的心理认同。例如，匡威就选择了乐队音乐。匡威首先建立了自己的录音棚，让乐队成员穿着匡威鞋录制节目，通过电视节目与音乐家之间的合作，来塑造自己年轻时尚的品牌个性，并逐渐成为潮流文化的一种元素。如李维斯、百加得、赛恩等品牌都赞助过不知名的艺术家。可见，商家会选择一些小众且有一定格调的元素来为自己的品牌个性增添色彩。

近年来，这种现象在国内也逐渐流行起来，最突出的就是各个品牌中的国潮元素。随着"文化自信"以及全社会层面的传统文化复兴，越来越多的国产品牌开始选择从传统文化元素入手来制定自己的品牌营销方案。当产品选择与某种文化艺术元素进行联名时，就意味着品牌方对品牌个性有着相对明确的概念界定，不再追求大规模的产品覆盖。同时，也就意味着对于消费者来说，他们会根据自己的需求而不是盲目地根据广告词来进行产品选择。

三、情感投入

幸福经济学中提到，超级专业化的目的是实现意义最大化，人们愿意为满足自己的精神需求而付出相应的劳务成本，当消费者将自己的劳动与情感投入产品后，往往会产生高估的价值判断偏差现象，并且投入的情感越多，越容易高估物品的价值，这就是所谓的"宜家效应"。通俗来说，人们往往会觉得一张自己组装的桌子比更贵的成品家具更好，会更加珍视这件家具，这是因为当人们看到这张桌子时，会立刻回忆起自己或与他人组装时的场景与情感，它不再是一件单纯的家具，而是一种情感的象征物。

产消者也会在体验式文化产品的消费过程中与"物"产生某种情感上的共鸣。这时传统工艺会放大这种"宜家效应"。一般商品中，这种情感投入是单向的，人是赋予物品情感的一方；但是在体验式文化产品中，这种情感的交流是相互的。产消者在将情感投入文化产品的体验过程中时，文化产品自身所蕴含的文化内涵也会反馈给产消者。这种人与物的情感共鸣来源于产品与消费者之间的共同的文化渊源，而这种情感共鸣将文化产品的消费，从单纯的商品交换转变为一种情感交流与价值传递。

当任何一种活动从单纯的娱乐体验上升到文化体验时，活动所承载的情感就会更加丰富，也会赋予产品更多的"可高估"的价值。以最日常的方便面为例，1971 年，日清推出了第一款杯装即食面，随后风靡全球，成为近百年来最具标志性的饮食发明。为了纪念这一伟大的发明及其创始人安藤百福，大阪府池田市于1999 年设立了日本方便面博物馆。博物馆中除了展出全世界各种不同种类、品牌的方便面外，最著名的就是其定期开放的自制杯面体验活动。参观者可以在导师的指导下自己搭配杯面的配菜，创作属于自己的独一无二的杯面包装（见图 4.1）。这份自制的杯面的价值与意义已经远远超过杯面本身的价值，这种"溢价"是在参观者自己情感与劳务的投入，以及将方便面作为一种深耕于大众日常生活的饮食文化共同作用下形成的。这份自制杯面的"溢价"要远远高于一张自己组装的餐桌，因为它有了一份情感的加持。

一起来看一下制作方法吧！

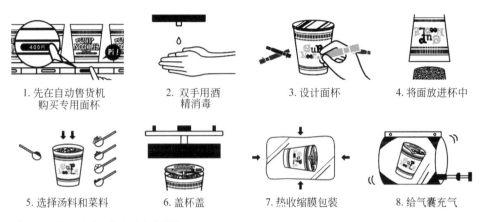

1. 先在自动售货机
　 购买专用面杯

2. 双手用酒
　 精消毒

3. 设计面杯

4. 将面放进杯中

5. 选择汤料和菜料

6. 盖杯盖

7. 热收缩膜包装

8. 给气囊充气

*第6、7两道程序由工作人员负责操作。

图 4.1　"我的合味道工厂"面杯 DIY 体验流程①

1　安藤百福发明纪念馆 [EB/OL].https://www.cupnoodles-museum.jp/zh-cn/yokohama/attractions/mc-factory/.

第五章
"产消合一"式的文化产品设计

在工业文明的生产消费关系中，存在着几个显而易见的特征——标准化、专业化、同步化、集中化。这些特征深刻地影响着社会发展的方方面面，小到个人的工资标准，大到整个国家的邮政系统。工业文明的降临将长达数千年的封建社会的各个领域迅速统一整合起来，并且进行了系统化的分工。

这些都意味着差异性的逐渐消失，物质生产资料必然集中于强大的生产集团，小作坊生产将无以为继，大量的生产者被物化为生产资料的同时，只能进行产品的消费。此时农业文明中统一的以自给自足为主要特征的生产消费关系被大机器生产割裂，成为两个独立的社会经济环节，而计算机将社会经济再次整合起来。

托夫勒认为在工业文明时期，"着重提高了我们把问题分解成各个部分的能力，……多数人从受教育时起，就善于分析，而不善于综合"[1]。而计算机的出现，代替了烦琐的分析过程，使得人们有了更多的精力与时间进行"综合"。

在这种背景下，出现了一群特殊的消费者——他们乐于去研究比较各类产品的差别与生产方式，对产品有着深刻专业的认识与了解，当市场中的产品无法满足自己更高的需求时，他们甚至愿意自己动手去改造甚至制作。托夫勒将这类消

---

① 阿尔文·托夫勒. 第三次浪潮 [M]. 黄明坚，译. 北京：生活·读书·新知三联书店，1983：186.

费者称之为"产消者",他认为第三次浪潮是产消者的"回归",但同时他指出,因为生产力的升级,产消者的行为也随着生产力的发展趋向专业化,与"产消者"相对应的是在社会经济中越来越普遍的"产消合一"消费模式。

第一节 文化产品中"产消合一"的具体表现与应用

一、何为"产消合一"生产消费模式

未来学家阿尔文·托夫勒在 2006 年出版的《财富的革命》一书中提出了"产消合一"概念,即一种生产者与消费者结合同一的经济模式。在隐形的经济中"所发生的大量活动基本上都没有痕迹,没有经过测量也没有产生报酬。这就是产消合一的经济"[1]。"只要我们既生产又消费我们自己的产品时,我们就是在进行产消合一。"[2] 所以,托夫勒认为,"产消合一"是经济生活中广泛存在但被严重忽视的非正式生产部门中存在的生产消费同期行为。

托夫勒提出"产消合一"概念后,不断有学者补充修正这一理论,逐步拓展了其内涵与外延。从广义上来说,"产消合一"是一种经济模式,广泛地存在于经济行为当中,与传统的劳动分工理论相对,即消费者转变消费思维,成为生产者,参与到生产过程中;又或是消费者与生产者达成合作,扩大共同的利益,实现共赢,是一种将消费变为资本投资的行为。而参与到这种经济模式中的特殊的消费

---

① 阿尔文·托夫勒. 财富的革命 [M]. 吴文忠等,译. 北京: 中信出版社,2006: 151.
② 阿尔文·托夫勒. 财富的革命 [M]. 吴文忠等,译. 北京: 中信出版社,2006: 151.

者就是产消者（prosumer）。唐·塔普斯科特在他的著作《数字经济》中对这一点进行了详细的阐述，并针对产消者这个群体做了更为具体的定义。他认为产消者具有以下基本特征，即购买前会对产品进行对比、考察，甚至选择定制专属产品；会探索深挖品牌内涵，并对品牌具有一定忠诚度；乐于参与到产品的设计之中；重视产品的娱乐属性；追求产品的更新以及产品对客户需求的重视。这些特点都集中反映出产消者不再甘于扮演单一的消费者角色，他们更愿意参与到产品的设计生产过程中，主动与生产方共同去完成产品。

　　而从狭义上来讲，"产消合一"的经济模式在不同的经济领域有着不同的表现形式。在数字经济领域，互联网平台将内容生产的权利授予每一位平台用户，将本来有偿的劳动转化为用户无偿自发生产的工作，这种技术被称为"众包"，如今各个视频网站都是其最典型的代表。

　　从单纯的产品生产来说，DIY 模式就是"产消合一"在大众消费中的具体体现之一。DIY 即 Do It Youself，可以理解为"自己动手做"，也可以理解为"自助的"。原本指不依靠或聘用专业的工匠，利用适当的工具与材料，靠自己来进行居家住宅的修缮工作。① 由于当地较高的劳动成本，欧洲从 20 世纪 60 年代开始流行自己装修房屋，这一行为被认为是最早的 DIY 活动。随之在汽车、电脑等领域也开始产生 DIY 这一概念，最终逐渐延伸到各个领域，DIY 也逐渐由一种减少开支的行为演变为一种休闲创意的活动。

　　托夫勒将出现这种现象的主要原因归结为："商品的生产越自动化，单位成本也就越低，反之手工劳动和非自动化劳务的相对价格也就越高。"② 并且在生产工

① DIY [G/OL]. 维基百科 .2019-12-10.https://zh.m.wikipedia.org/wiki/Special:%E5%8E%86%E5%8F%B2/DIY.
② 阿尔文·托夫勒. 第三次浪潮 [M]. 黄明坚，译 . 北京：生活·读书·新知三联书店，1983：340.

具与相关信息极易获取的情况下，越来越多的人将会倾向于自己动手干活。当生产自用消费品的行为呈现出一定规模时，相应的消费模式也就应运而生了。

二、标准化 DIY 式文化产品设计

在"产消合一"模式下，文化产品的消费形式发生了生产消费关系的转变，其中的部分生产要素转移到了消费端，让消费者不仅仅是消费单纯的工艺品，而是通过其亲自动手以获得一件产品。由此在文化产品的消费中出现了一种新的产品类型——消费者主动参与的制作过程这一非物质产品，而最终的物质成品作为一种完成生产劳动的反馈奖励，DIY 产品就是其中的经典类型。

从 DIY 概念的起源来看，其兴起的动力之一是个人承担部分的劳动成本，这与传统工艺在自然经济背景下，生产者自己生产消费生产劳动工具有异曲同工之妙，并且两者都经历了由实用性向娱乐化转变的历程。

根本性的变化源于计算机与互联网的应用与普及。计算机带来了第四次工业革命的兴起，而互联网加速了第四次工业革命的发展，两者共同推动了生产力的跃层迭代。从创作主体的角度来讲，大众拥有了获取信息与知识的主动权，进一步打破了精英阶层对文化艺术的垄断。而从生产力发展的角度来讲，技术的革新与生产资料的升级也为大众提供了更快速便捷的信息与产品获取方式。对于文化产品的品牌方来说，互联网无限地提供了文化艺术的元素信息与冲动刺激，为消费者产生 DIY 类文化产品消费需求提供了前置信息来源。

半成品的 DIY 材料包是目前体验式文化产品中最为主流的产品开发方向之一，

其主要的受众群体是面向广大的对文化艺术有一定兴趣的体验者。他们更容易对带有文化艺术元素的体验式产品有消费欲望，喜欢有一定挑战与风险的服务体验，且消费者更偏爱那些易于理解的创新产品，但受限于经验的欠缺，所以更容易选择半成品的 DIY 素材包作为入门尝试的产品。

根据此类受众群体的特点与需求，设计开发出的文化产品 DIY 产品，需要具备以下产品要素：①材料轻便，不易损坏；②具有可操作性，制作工序简单，入门门槛低；③可以在较短时间内完成；④提供的成品图样可供参照；⑤有一定的文化艺术元素，突出差异化、个性化。其中前四项是此类产品的基础必备要素，而第五项虽然同样是必备的产品要素，却对专业性有一定的要求，往往无法做出标准化的产品要求。

"王的手创"团队便将刺绣 +DIY 作为自己的主打产品，店内产品大多为材料包形式的半成品，而少数难度较高的产品都是由当地绣娘完成。团队故事中讲到，他们希望设计出民族性与现代审美相融合的手作成品。因此他们的产品都有十分突出的传统刺绣元素与现代生活用品结合的特点，并且为了增加产品的娱乐性与营销点，又在两者基础之上增加了 DIY 的形式，使其迅速从一干传统工艺文创品中脱颖而出。

"王的手创"产品风格大多强调产品的传统刺绣元素与设计，对绣法不会有太多要求。基本上店内带有 DIY 元素的产品都采用最基础的几种针法，并依据图样与制作的复杂程度进行了难度划分，以适应不同消费群体的需求。主要产品类型包括传统的刺绣绣品与国潮饰品两类，产品并不局限于某一特定的刺绣种类，而是更加突出自身的产品设计特色，偏向于刺绣的文创产品（见图 5.1）。

图 5.1 "王的手创"DIY 刺绣醒狮荷包（图片来源于网络）

在"王的手创"这类强调工艺大类与产品设计的品牌之外，以苏州博物馆为代表的传统工艺保护主体，则更强调突出传统工艺技艺本身。苏博的线上旗舰店推出了"苏绣DIY套装"，包括苏绣摆件、饰品以及文创开发。此类产品的开发往往选择保留工艺技艺本身的工艺特点，在突出苏绣技艺的基础上进行相应的文创设计。例如，苏博在常规的绣品款式外，设计了苏绣书皮DIY产品，只做了使用场景的改变，对技艺本身不做大的改动。

刺绣类DIY材料包作为此类体验式文化产品的代表之一，其成功经验也逐渐被其他文化产品吸纳。如前文所说，此类入门级别的DIY产品面向的是初阶的爱好者，而对于资深的或想更进一步了解传统工艺的受众群体来说，单纯地参照图纸照猫画虎已经无法满足其差异化需求，这就需要进阶版的体验式文化产品输出。

三、差异化"产消合一"式的文化产品体验

差异化的"产消合一"式文化产品需要在满足初阶版 DIY 产品的基本产品要素外，进行相对应的调整。这种调整不仅仅是难度的提升，更重要的是根据某一文化艺术的具体特点进行的个性化设计。这一点在初阶版 DIY 产品设计中是一项不确定因素，但是在进阶版中则成为其脱颖而出的核心要素。

DIY 类文化产品的进阶依托于创新，而创新来自具有设计意愿与能力的人，这类人可以被称为创客，也可以被称为具有创新设计能力的产消者。创客（maker）的出现，与电子信息技术和 3D 打印的发展密切相关，更便捷易得的创造条件为更多的创意提供了实现的可能性。尽管创客首先出现于互联网，但是它迅速蔓延到各个领域，从传统工艺到虚拟空间，可谓是包罗万象。克里斯·安德森在其《创客》一书中说道："创客们正在将 DIY 运动推向网络——'公众制造'，将网络规模效应不断扩大。"①

毫无疑问，创客的出现是对传统制造业的一种变革，克里斯·安德森将其个性总结为三点：①使用数字设计工具自主设计制作模型样品；②在开源社区分享设计成果；③任何人（包括制造商）都可以通过设计图纸直接制作成品，甚至进行产品化的规模生产。

---

① 克里斯·安德森. 创客: 新工业革命 [M]. 萧潇，译. 北京: 中信出版社，2015:30.

DIY 为消费者提供了参与设计、表达自我的机会。当消费者自己对某一类文化艺术形式具有一个初步的认识与了解后，在进行文化产品体验时就会将自己对文化艺术的理解与设计融入产品之中，最终的完成品将是属于消费者自己"独一无二"的作品。

通过这种类似于定制的方式，极大程度地丰富了文化产品的消费产品类型，并且当文化产品企业依据批量生产的标准，选择满足消费者对产品最基础的消费需求而放弃个性化产品生产时，产消者的出现在一定程度上就弥补了这部分小众市场的消费需求，这就类似于乐高与 BrickArms、BrickForge 等"类乐高"产品的互补关系。

BrickArms 的创始人威尔·查普曼受到儿子想用乐高玩战争游戏的启发，自己用三维 CAD 软件设计了图纸，通过 Taig 2018 桌面数控铣床，用熔融后的乐高零件 ABS 塑料制作出了一把 M1 步兵步枪和一把狙击步枪，这意味着这款查普曼自己设计制作的乐高玩具，拥有了与乐高同样的产品质量，但有着乐高所没有的产品款式。随后查普曼向成年乐高迷分享了自己的作品，并在大家的强烈要求下，查普曼开设了一个专门销售玩具枪械的网站 BrickArms。BrickArms 进入了乐高无法涉猎的领域——现代武器。从乐高玩具大小 AK-47 冲锋枪到破片手雷，这些比传统的乐高玩具拥有更复杂的构件，还拥有更快的产品更新速度。

位于丹麦的乐高园区推出一款产品，要经过设计—原始模型制作—组件包—玩具测试—市场定价—在沃尔玛上市的漫长的流程，涉及百万单位的销售量。但是查普曼只需要先不断地在 CAD 上设计新的产品图纸，再发送到桌面制作工具上制作原始模型，然后找厂家制作不锈钢模型，最后在本地的注塑成型公司生产几千件产品即可。小体量的生产规模压缩了产品上市前的流程，更具灵活性，因此可以实现快速的产品更新。

在不侵权使用乐高商标并标明相关警示说明的前提下，乐高对这类生产"类乐高"产品的小公司是乐见其成的。这些小公司的生产销售量很小，但是通过丰富多样的产品设计满足了客户差异化的需求，弥补了乐高在大规模产品市场之外的小众细分市场。在乐高无法实现快速产品迭代的情况下，这些小公司从一定程度上维系了消费者的消费习惯与爱好，当乐高推出以星球大战系列为代表的成年乐高系列产品时，就会有很多的成年消费者花费不小的金额去购买产品。

从参与主体来看，乐高的补充生态系统都是专业＋业余的组合形式，乐高作为品牌生产方，需要兼顾大规模的市场销售，推出体现品牌核心理念的专业产品。在资源与品牌声誉方面，乐高作为资源持有者，在补充生态中居于核心位置。乐高作为母品牌，有着广大的消费群体，并且在长期的品牌运营过程中培养了固定的消费习惯与品牌认知。

但受到产品定位、品牌文化的影响，乐高的产品种类偏向于低幼化，产品的更新周期也较长，这些原因使得乐高的产品逐渐无法满足扩大的成人消费者群体的需求。

在这种情况下，乐高需要寻找一个适合自己的第三方助力自身的发展，通过外部因素弥补自身的短板。而查普曼与他的 BrickArms 网站，作为消费者只需要满足小众群体的差异化需求，不受严格的产品设计限制，用更小的成本和更短的周期，为乐高的发展提供了更为丰富的产品。

可以看出，在这个系统中三者分工各有不同，乐高为消费者提供他们无法规模生产的标准化零件，以查普曼为代表的产消者作为中间桥梁进行图纸设计，比普通消费更具有消费需求的资深乐高迷则会在小众论坛网站上购买查普曼设计的

"类乐高"产品。这个过程中乐高的产品种类与消费群体、产消者的消费体验都有了更加多元化的提升。

因此，乐高与"类乐高"产品共同形成的补充生态系统，其实就是一种文化产品品牌方通过产消者的力量来提供差异化的"产消合一"文化产品，以此来延伸品牌的"长尾效应"，通过联动发展来提升自身产品的差异化升级。

通过 DIY 的形式很好地扩大了文化产品的影响力，品牌方也通过业余爱好者的反馈，可以更有针对性地搜集当下市场中对文化产品的审美需求与偏好，而这些专业消费者也对品牌方的产品创新提供了更多的可借鉴的思路。

事实上，这种依据消费需求进行消费人群划分，进而推出从完全标准化设计产品到由消费者自由创作不同需求层次的产品，可以满足不同的市场需求。这里大部分的消费者会购买完全标准化设计或带有小部分自主体验内容的产品，而随着对自主设计体验需求的增大，消费群体也在不断缩小。

金字塔型（见图 5.2）的消费人群划分，为"产消合一"视角下传统工艺的消费模式实现长效盈利提供了可能性。而金字塔上部的消费者尽管创造的经济收益较小，但是通过他们的个人创作可以产生更大规模的传播效应。

图 5.2 传统工艺消费者的划分

第二节 "产消合一"式文化产品的共性与个性

文化艺术属性的保留与市场化的产品推广模式，在传统商业模式下是天然对立的。但是随着经济生活的不断向前发展，大众文化在社会环境的影响下，也在主动地弥合着文化艺术与市场生产间的矛盾。

文化产业的从业者正在寻找一种产品化共性与文化艺术个性的平衡，这种平衡存在于潮流文化产品中，也存在于传统文化、高雅艺术中，甚至后者因拥有更加久远的存续发展历史，而更难去实现这种平衡——如何抛弃过去的荣光而贴近当下生活，这始终是它们自身沿革过程中的难点。

一、文化产品设计中共性与个性的辩证关系

在文化产品设计的过程中，一直存在着产品个性化与工业生产标准化的矛盾。这个矛盾源于文化产品特殊的文化属性与审美属性。文化艺术从来都带有强烈的个人主观色彩，无论是创作者还是鉴赏者，对作品的认知都会受到个人经历与社会环境的影响。这种主观的个人意识无法在群体中实现完全的统一，这正是文化艺术无穷创造力的源头，但它也是文化产品市场化运营过程中的阻碍。

一方面，品牌方要实现商业盈利，文化产品就需要达到一定的市场占比，在以规模效应为主要盈利方式的工业生产模式中，文化产品需要通过削减个性化来实现标准化的产品生产。这是理性与感性的对抗，结果是在工业化占据绝对优势的生产方式下，规模化生产的文化产品不再突出其文化艺术性，以此来满足市场

中更多的消费需求,进而影响了霍克海默与阿多诺的"文化工业"理论。另一方面,为了彻底摆脱工业机器生产对文化艺术的冲击,各类先锋艺术思潮、艺术革新运动风起云涌,向着更为小众且极端的文化艺术方向发展,乃至于完全脱离大众与市场。最终在数十年的发展后,前者成了大众文化,而后者发展不断细分的亚文化种类。

那么,如何辩证地去看待文化产品设计中的共性与个性的关系呢?很显然他们不是矛盾的,并且可以借助外部力量去主动、有意识地把握这组关系,因为文化产品本身通过自然的发展规律,就已经形成了繁复庞杂的体系。以中国传统工艺为例,无论是各类传统工艺之间,还是单一传统工艺内部,都有着工艺的难易程度、风格类型等差异。这种个性化差异受到地理环境、文化传统、风俗民情、个人喜好、材料质地、工艺流程等各方面因素的影响。比如,仅剪纸一项就有56项国家级非物质文化遗产,主要以地区风格为区分,但其共性都是利用剪刀在纸上剪出各式花样的传统美术形式。

当然也不是所有的文化产品都有如此明显突出的共性与个性区别。以刺绣为例,从整体上来说,刺绣的工艺门类细分更为复杂,材质、工艺、纹样、用途都各有差异,所以其共性并不像剪纸一样单一明确,而是内核大致相仿且有一定相似度的传统技艺大类。这种差异化的程度极大,但又具有抽象统一性的传统文化艺术,在进行文化产品设计时,就面临着很大的挑战性。因为刺绣本身在自然流变的过程中,都很难保证各个刺绣品类之间的差异性,所以当以抽取其共性进行符号化设计时,对产品的定位及其目的就有很高的要求。

但无论是剪纸还是刺绣,这只是中国传统优秀文化中很细小的部分。面对更为广博复杂的传统文化体系,在进行符合当下审美习惯的文化产品设计改造时,我们会发现，无论在文化产品的发展过程中存在多少矛盾与发展方向，最终都还是围绕着一个核心——在产品化过程中如何保证满足最基础商品属性的同时，放大个性化的文化艺术附加值。

二、体验式文化产品中文化内核的保留

归根结底而言，文化产品的文化属性仍然是其核心，也就是某一类文化产品中的"共性"。例如，哈萨克刺绣中的绣法与纹样都是其工艺核心元素，如果把两者拆分开来进行产品化设计，那么其设计出的衍生品都不能称之为哈萨克刺绣的再设计产品，毕竟哈萨克刺绣传统纹样的印花不能代表哈萨克刺绣，用哈萨克刺绣的针法绣出的荷花也很难说是完整的哈萨克刺绣。

早在 1964 年，《威尼斯宪章》中就提出了文化遗产的保护原则，其核心是对遗产原真性的保护，但是在具体的实践操作过程中存在着诸多挑战。无论是物质文化遗产还是非物质文化遗产，都在保护原则上存在原真性与完整性的辩证讨论。

以遗产的原真性与完整性为基础，应当将遗产的保护与应用分为三个层次，即遗产价值辨识、遗产保护、遗产利用[①]。即在正确认识遗产原真性与完整性的基础上，进行相对应的保护与利用。其研究多集中于物质文化遗产领域，而在非物质文化遗产领域，这种原真性与完整性的保护则更具有不确定性。

非物质文化遗产不同于物质文化遗产，它是活态存在的，这意味着随着时代的发展，非物质文化遗产本身就在不断地发生着演变，以更好地适应当时的社会发展需要，因此非物质文化遗产的完整性本身就是一个不断延伸的概念，其保护

① 张成渝.国内外世界遗产原真性与完整性研究综述[J].东南文化，2010（04）:30-37.

原则更需要灵活性。

对非物质文化遗产原真性与完整性的保护，往往更倾向于保护其技艺所蕴含的传统文化内核，需要对其进行一定的提炼与自我理解。这种动态的保护原则除了为非物质文化遗产的保护利用提供更大的实践可能性外，也使得非物质文化遗产的生存状态更具脆弱性，增加了保护的难度。尤其是在市场经济发展的背景下，因对传统工艺文化内核的理解出现了偏差甚至错误，而导致的过度商品化，正在给传统工艺的生产性保护带来不可忽视的影响。

传统工艺类 DIY 产品的出现，实际上是传统工艺在服务经济向体验经济过渡的时代背景下进行的自我更新演变。只是相对于技艺、材料进行的改良替代而言，"产消合一"的模式将从更深层次的生产消费关系上进行改革。那么当制作工艺的对象转移可能导致工艺变异时，就要将传统工艺的文化内核提到产品设计的首要环节上，以此来保证传统工艺的原真性与完整性的保留。

点翠是古代女子饰品的装饰方式之一，随着传统文化尤其是汉服的影响扩大，它又一次受到了大众的关注。但是由于其材料的特殊性，且其制作工艺较为复杂，使得点翠的推广效果并不尽如人意。但是在突破材质的禁锢后，点翠的技艺传承引来了新的发展契机。微博上一位名叫"东吴制造"的博主推出了"鹅毛仿点翠"的制造教程，在更早之前还有真丝仿点翠的成品出售。以晕染后的鹅毛、真丝等新的可替代材质代替了翠鸟羽毛后，不仅摒弃了杀鸟取羽的陋习，也很好地保留了点翠饰品独特的色泽与羽毛质感。这种演进在改变了制作材料获取来源的同时，对不同材质的仿翠鸟羽毛效果的处理也增加了制作工艺的流程。这无疑是对点翠技艺原真性的改变，但是从另一个角度保留了点翠技艺的文化内核，更有利于点翠技艺的传承与开发。一些更适合当下生产工具的制作工艺革新，也为之后的标准化产品设计奠定了基础。

三、体验式文化产品的标准化设计

传统工艺的发展曾一度受到工业制成品的冲击，但是当传统工艺开展生产性保护时，工业制成品的商品化标准就为传统工艺的产品设计提供了可借鉴的蓝本。在以往传统工艺的生产性保护中，往往会避讳使用工业流水线生产，以"纯手工"为产品的卖点之一，但是最终的结果就是生产者与消费者对产品的认知不一致，并出现供需不平衡的问题。

在工业文明不断向前发展的时代背景下，传统工艺刻意地与工业化对抗并不能让其原真性得以保留，反而会加重自身的传承难度。所以当"纯手工"成为产品的必备要素，但是又不能成为生产方式时，就可以选择通过工业流水线生产大批的手工材料包并提供统一的制作图纸，最终将"纯手工"的生产环节转嫁到消费者一端。

另外，规模化生产的文化商品，需要与相应的市场规模匹配，但是就目前传统工艺传承人及其从业者多是中小企业或个体经营者的发展现状而言，他们无法进行大规模的前期资金与时间投入去进行市场试错与筛选。

作为体验式文化产品的代表之一，传统工艺存在的问题其实存在着一定的普遍性。因此在此前提下，以摩点为代表的众筹平台，为其提供了众筹的渠道来实现更加精准的规模化生产的渠道。以摩点账号"重拾营造"为例，其注册公司为上海将作文化创意有限公司。它于 2020 年 12 月 15 日在摩点发起《迟来亭》众筹项目，上线仅两秒钟，发起人设定的众筹目标 2 万元就已经提前达成。截至 2021

年 1 月 15 日众筹结束，该项目筹集到项目资金 120 余万元，共有 4 661 人参与到项目众筹中，以 6 016.59% 的进度众筹成功，可以算是一个很成功的众筹项目。

《迟来亭》是项目团队本次众筹的主推项目，这是一款以中国古建筑为设计原型，依照一定的放缩比例，采用全榫卯通用构件的拼搭模型积木（见图 5.3）。依据难易程度提供了四款产品，即攒尖亭、歇山亭、单檐歇山顶、重檐庑殿顶。四款建筑模型都是常见的传统古建筑类型，并且尽可能地还原了中国古建筑的抬梁式架构。通用型的榫卯构件也为消费者提供了更多图纸以外的可能性。《迟来亭》印证了在"产消合一"的消费模式中，传统工艺的商品化普遍性需求与技艺的文化内核的特殊性需求可以有机地结合起来。

图 5.3 《迟来亭》产品介绍（图片来源于摩点）

四、体验式文化产品的大规模定制化

文化产品的市场化过程中，需要兼顾文化内核与产品标准，那么是否可以通过大规模定制化来实现两者的平衡呢？答案是可以的。如今越来越多的企业选择以大规模定制化取代规模化的工业品生产模式，以产品种类的规模取代单一产品数量的规模。

这种大规模定制化在各个行业中都有着成功的尝试，并逐渐改变着常规的行业模式。如 Aribnb 的出现，让千千万万的房屋成为游客的住宿选择，相比起统一化的酒店来说，民宿提供了更多元的风格选择以及民俗风情体验，近年来越来越多地成为游客的外出首选。这促使酒店行业不得不对自身进行改革，以应对民宿带来的行业冲击。

早在 20 世纪 70 年代，大规模定制化的概念就已经初步形成了。1987 年，史丹利·戴维斯在《未来的完美》中首次提出了"顾客化大量生产"的生产方式。这种顾客定制的理念在后续市场中的不断应用升级，形成了体验经济中重要的"众包"等等经济理论。诸如此类理论的核心观点都在于，在互联网飞速发展的当下，非专业人士完全可以通过科技的进步提供专业内容，打破专业人士的垄断权，边际成本向零点趋近。并且在互联网的加持下，这种可持续的多样化终身服务完全可以实现。毫无疑问的是，在第四次工业革命的加速下，这种大规模定制化的趋势将越来越明显。

前文在分析体验式文化产品的消费受众特点时可以看出，重视体验感的消费者更注重个性化，他们在条件允许的情况下，必然会根据自己的选择进行产品定制。例如，IMI records 会让用户通过网站定制自己的音乐 CD 和 DVD，公司会在网站上提供可供选择的表单，用户按照题目、专辑名或类型来定制自己的唱片，然后由公司制作并将唱片直接邮寄到用户家中。

传统工艺通过 DIY 的形式来推出自己的市场化产品，也是希望通过这种大规模的个性化产品来实现多样的产品供给，但是目前尚没有能够实现大规模定制化的传统工艺企业出现。

其实，通过 Airbnb 以及 IMI records 等企业的案例可以看出，这些实现大规模单件定制化的前提是大量数据计算能力、大量信息通信能力、大量信息获取能力。这些企业完全以互联网模式进行产品定制，更多的是提供平台服务，所有产品内容的生产与消费都由平台用户来实现。

对于部分尚无法实现完全互联网模式的传统文化艺术产品，可以选择由大规模的产品类型定制向单件定制模式过渡。其实如今也有文创产品进行此类尝试，但是仍停留在图案定制的层面，尚未形成平台效应。并且体验式文化产品不同于一般的文化产品，"体验感"作为其重要的消费内容无法通过成品定制化来满足。可见，大规模定制化与"产消合一"的结合，可能会在今后成为文化产品重要的发展方向之一。

第六章
沉浸式文化产品服务的场景营造

体验经济"指的是一种企业以商品作为道具，以服务搭建舞台，将消费者当作服务中心，从而创造出一种能够使消费者参与并且值得消费者产生某种回忆活动的经济形态"[1]。体验经济中的消费者被赋予了多重体验，已不再是单一地享受服务，而是将自身投入消费的过程中，来实现物质与精神上的双重满足，重视"身临其境"的体验感。

伴随着体验经济的深入发展，这种重视体验感的产品思维不仅仅存在于文化产品中，更是极大地丰富了空间体验的方式，产品与服务的配合也更加密切，空间的虚拟外延也在逐渐模糊。

但它大致可分为三类空间与产品的结合，一是在特定文化空间中体验文化产品来强化情感记忆；二是将文化产品引入生活场景进而影响现代生活美学；三是由于虚拟技术领域的不断发展，今后虚拟空间中的文化体验也将成为人们文化产品消费的主要场景。

第一节　实体场景体验

情景营造是将主观的情感借助设计的手段附加在客观的空间之上，通过空间

---

[1] B. 约瑟夫·派恩（B Joseph Pine），詹姆斯·H. 吉尔摩（James H Gilmore）. 体验经济 [M]. 毕崇毅，译. 北京：机械工业出版社，2012：3.

的营造让人们获得更多的情感体验。这类实体场景的体验目的在于通过场景的复原，让消费者通过最直观的感官刺激强化消费体验。如今逐渐兴起的各类沉浸式体验馆、主题乐园以及文化旅游景区都是其典型代表，这些体验空间的门票收入往往只是总收入的一小部分，最终的大部分收益还是来自消费者在体验过程中的其他收入，如产品、饮食等。所以这类沉浸式的空间，无论其规模大小，都须尽可能地做到综合与全面。

一、综合体文化体验场景

这种综合性与规模化在人文旅游景区格外突出。文旅融合作为旅游业发展的大趋势，各个景区都在努力地发掘自身的文化特色，无论是服务还是场景都在尽可能地贴合传统文化审美范式，通过对传统文化空间的复原，来强化消费者对当地文化的体验。

金泽市是日本著名的"文化之都"，历史上统治金泽的加贺藩邀请了大批的学者、文人、茶师、手工匠人来此扎根，自江户时代建城至今的 400 年间，逐渐孕育出了金泽独特的城市文化。现今，金泽市的老城区依然保持着江户时代的古城风貌。正是由于其浓厚的传统文化氛围，2009 年，联合国教科文组织将金泽市吸纳进"全球创意城市网络"① 中的手工艺和民间艺术领域中。

能乐、茶汤、加贺绣、漆器、薪能石祭等都是金泽具有代表性的手工艺与民间艺术，这些传统文化元素也同样成了金泽市旅游观光的主打内容。金泽的旅游宣传语"探访历史古都神韵，感触传统工艺精髓"将重点放在了"触"上，就是

---

① 全球创意城市网络是联合国教科文组织于 2004 年推出的一个项目，即富有创造性的城市组成网络，通过合作实现促进文化多样性和城市可持续发展的共同使命。旨在促进城市间的国际合作，鼓励城市在联合国教科文组织关于优先进行"文化和发展"与"可持续发展"的全球战略框架下，建立共同发展的伙伴关系。目前共有七个主题，即文学、电影、音乐、民间手工艺、设计、媒体艺术、美食。

为了能够切实地做到感触传统工艺精髓，为此，金泽重点推出的传统手工艺观光项目几乎都有游客体验服务。

以最具日本传统文化代表性的友禅染为例，友禅染是一种为和服染色的特殊染色技艺，这种在和服上染色的技艺要经过画图、上糊、上色、蒸制、洗去糊等复杂的制作工艺才能完成。最著名的两大友禅染样式就是金泽的加贺友禅与京都京友禅，主要的区分点就在于两种友禅染的图样风格。加贺友禅的特征多为写实的花鸟风月图案，此种鲜艳的图案也被称为加贺五彩。所以针对加贺友禅推出的体验项目就选取了其中游客最易上手的染色环节，游客可以预约加贺友禅会馆或长町友禅馆的手绘染色或纸型印染两种体验项目，价格在 1 575~4 000 日元不等，折合人民币是 95~2 500 元不等，一般是在手帕或布料上染色，可以选择传统图样或亲自设计图样。此类针对各自工艺特点推出的体验项目还有很多，例如，九谷烧绘画创作、贴金箔、加贺手球等。

在金泽保存完善的古城街道中，分布了众多工艺作坊与体验会馆，通过古城的传统文化氛围加持，放大了游客的传统工艺制作体验感，更好地实现了"接触"传统工艺的目的。

二、沉浸式文化体验空间

如今沉浸式体验项目已经成了重要的社交娱乐场所。2016 年，首场浸入式戏剧《不眠之夜》在上海登场，成为中国沉浸式产业发展过程中标志性的事件。在2019 年发布的《中国沉浸式产业发展研究报告》中显示，全国的沉浸式产业自2016 年后进入高速发展期。密室、剧本杀等以"沉浸式"为概念的线下体验，成了 Z 世代人群的"社交新宠"。

随着剧本杀、密室的火爆,"沉浸式"的体验方式逐渐在各行业中开始蔓延。《不眠之夜》上海版的主要出品方 SMG LIVE 也在跨界合作中找到了新的发展点。例如,突出沉浸式观影的《秘密影院》,沉浸式购物的"科勒秀",与零售巨头太古集团合作的《十号礼铺》,与华伦天奴、古驰等奢侈品品牌联手打造的沉浸式秀场《梦入新生》,等等。总之沉浸式体验空间在文娱产业中的尝试正在不断地影响着实体行业的转型发展。

2021 年,文旅部在《"十四五"文化产业发展规划》中提出,"鼓励沉浸式体验与城市综合体、公共空间、旅游景区等相结合",进一步揭示了"沉浸式"的广阔前景。上海市在 2022 年 1 月 13 日发布的《密室剧本杀内容管理暂行规定》,成为首部针对"沉浸式"娱乐制定的城市规范。正是在此背景下,上海影视乐园推出了占地 400 余亩的沉浸式戏剧《新世界》。《新世界》的故事背景设立在波诡云谲的 1945 年,以一场日本侵略军上校主办的宴会为舞台,并以整个乐园为场景。观众将跟随演员参与到这场地下党与日本侵略军的对决中,"亲自"去破解一场阴谋。《新世界》一经推出就引来多方关注,这是一次影视行业内全新的尝试。

上海影视乐园中复刻的老上海经典城市风貌,成了谍战悬疑题材影视作品的主要取景地之一,《伪装者》《麻雀》《叛逆者》等都是在此拍摄,留下了众多经典场景。在以前这些场景除了影视拍摄外,也只能通过游客参观来获利,但是场租费加门票并不能完全覆盖后续场景的维护费用,所以大多数的场景会在拍摄结束后拆除,这毫无疑问造成了巨大的资源浪费。以《伪装者》来说,作为当年的爆款剧,其主要的拍摄场景完全可以策划成为"圣地巡礼"的旅游项目。

但是场景拆除在过去是影视基地常见的处理模式，现在面临着影视行业转型的阵痛期，无论是横店、象山，还是其他的影视基地都在寻找如何将影视基地本身的资源实现最大化利用的新增长点。尽管如今无论是戏剧还是影视，仍然以传统的情感共情为主要体验方式，但是"沉浸式"的方式还是为其提供了十分具有参考意义的发展方向。

如今已经有越来越多的电影场景留在了上海影视乐园。2021 年，上海影视集团为建党百年拍摄的献礼片《1921》上映，为了拍摄这部电影，上海影视集团在上海影视乐园复刻了一系列红色影视建筑群，包括"一大"会址建筑群、四行仓库、南京路等，这些红色经典建筑又为上海影视乐园的沉浸式戏剧提供了新的创作空间。

第二节　生活美学体验

日常生活审美化与大众日常生活水平的提高是密不可分的。鲍德里亚在《消费社会》一书中提到，人们的"休闲时光"也是可以被消费的，当人们不再为物质生活所困时，必然有更多的"休闲时光"来挥霍。在精神活动上体现为休闲娱乐业的飞速发展，在生活物质上则体现为"通过'物'来装点营造审美化、艺术化的日常生活情景，并从中获得积极的情感和审美体验，进而彰显其才情、趣味"[①]。这就是"生活美学"的含义，这里的"物"可以是一切带有个人审美习惯的物品。

人们通过"物"来装点生活场景，也可以利用"物"来装点城市景观。可以

---

① 赵强.	"物"的崛起: 前现代晚期的生活时尚与"生活美学"[M]. 北京: 商务印书馆, 2016: 93.

通过文化艺术氛围的营造，对城市中的原有景观进行改造，以此来提高城市的整体"趣味"，这其中以老厂房改造最为突出。如今老厂房已经成为城市文化创意的主要载体，风格迥异的老厂房园区在解决工业资源再利用难题的同时，也成了城市文化体验空间的主要场地。

一、生活场景中的文化艺术元素

在中国，传统文化复兴与传统审美范式回归的社会氛围，深刻地影响着当下的审美取向，传统工艺作为兼具实用功能与欣赏功能的物品，也逐渐进入了现代人的日常生活中。

其实，从传统工艺的发展历程上来看，这种规律出现在每一个社会经济发展进入高峰的历史节点，并且每个时代都有一种具有代表性的工艺品类型，例如，青铜器、漆器、瓷器、明式家具等，每个时代都有自己的传承与创新。而在物质条件极大丰富的当下，传统工艺作为"物"的重要组成部分之一，同样应运而生了众多的创新尝试。

传统工艺的 DIY 产品打破了传统工艺与大众的空间界限，让传统工艺在具有传统文化审美的空间体验外，还极大地丰富了生活空间中的文化艺术元素，在景区可以是作为旅游纪念品的传统工艺品，在家中可以是装点生活的陈设物。当个人对日常生活的审美需求各有不同时，通过"产消合一"的模式可以有效地满足消费者对生活空间中的审美需求。小到在线上购买完成一幅苏绣摆件，或在景德镇旅游时带回一件自己拉坯烧制的陶瓷杯；大到自己购置机床利用榫卯结构自己制作一张中式书桌。每一件器物都在体现着一定的审美情趣，装点着室内空间，提升着日常生活的美学体验。

二、城市景观中的文化艺术改造

首钢滑雪大跳台在 2022 年北京冬奥会上大放异彩，不冒烟的工厂大烟囱成了最佳的环保宣传。由首钢老厂房改造而成的组委会办公区、训练基地在落实简约奥运宗旨的同时，也是近些年来中国众多老厂房改造的特色案例之一。

随着城市化进程的加速以及城市规模的扩大，迫使工厂也在不断向外搬迁。那些原本空置的厂房被周围新建的城市建筑包围，占据着绝佳的区位优势，尤其是很多厂房的建筑空间结构都极具特色。于是老厂房改造成了城市景观改造的重要课题之一。

目前常见的老厂房改造方向以创意办公、时尚休闲、酒店公寓、文化艺术等内容为主，以园区为主要管理形式，各园区根据自身企业或改造方向的不同，最终的呈现风格也各有不同。例如，北京朗园主要以创意办公为主，园区内以各类中小微企业为主，而 798 园区则兼顾创意办公与艺术展览两种功能，其中艺术展览占比更大，每年会承办各类艺术展览及活动。前身为上海铁合金厂的上海钢雕公园就完全以艺术展览、交流为主要功能，其功能定位为后工业生态景观公园。可见，即便是老厂房改造的功能定位、业态分布各有不同，但仍然以现代创意产业为主，不过是更偏向于办公区还是更偏向于休闲娱乐的区别而已。

那么，为什么老厂房改造要选择以现代甚至是后现代的风格呢？这主要是源于工业文化本身的特色，以及在工业文化基础上衍生出的众多现代主义文学艺术思潮的影响。首先是建筑本身，当代工业建筑大多受到包豪斯极简实用主义的影响，这仍然符合当下的审美取向，同时极简实用的建筑也意味着可利用率高，便于改造。其次在于园区中的各类文化创意产业及各类小众的先锋艺术展览，其本身都是起源于工业文化本身，两者的结合在老厂房中形成了内外的高度统一。并且近几年兴起的赛博朋克文化、废土末世风都与老厂房钢筋水泥的灰色建筑有很高的适配度，成为时下年轻人喜欢的体验场所之一。

从这些案例中都可见老厂房在城市景观改造中的文化艺术偏向性，所以首钢滑雪大跳台的问世，为老厂房改造提供了全新的改造思路。障碍坡道上的中国传统建筑造型、长城等等都成了这次冬奥会中独具一格的风景，将来随着首钢大跳台的对外开放，还将有更多的人前来此处体验冰雪文化的魅力，让原本冷清的厂区再焕发出新的活力。

第三节　虚拟感官体验

互联网的发展影响了当代的娱乐方式，无论是游戏还是电影都因为技术的迭代发展，而有了越来越多的体验过程。游戏作为虚拟世界的载体之一，技术升级带来了游戏中世界版图的不断扩张与真实度的提高，在《刺客信条》的游戏世界中，甚至可以完整再现中世纪的欧洲城市；也可以通过视觉技术的升级，仅依靠裸眼体验"真实"的虚拟世界。这些都通过数字虚拟技术来为消费者提供逼真的虚拟场景体验。

一、数字虚拟文化体验

1991年苏联解体,而同时期的中国正在逐步地进行改革开放。如果去问"90后"的年轻人"你对苏联的第一印象是什么?"或者"你最初是从哪里了解到苏联的?",相信大多数的"90后"会告诉你一个游戏——《红色警戒》。

游戏作为新生的文化产品,被誉为"第九大艺术",在短短几十年的发展过程中,就经历了至少三次终端更迭。从主机到PC端,再到如今的手机,甚至是肉眼可见的将来,随着技术的不断完善与市场化改造,VR作为游戏终端的下一个时代又将到来。

但无论终端的变化是怎样的,游戏的内核永远是表现一定的内容与思想,这个内容不局限于剧情,思想也同样不局限于娱乐。事实上,经典的游戏无论是在剧情故事还是在玩法技术上都有着很高的艺术造诣。

正如开头所说,在苏联解体后,2000年,美国游戏制造商Westwood Studios推出了一款主机游戏《红色警戒2》,在游戏中塑造了一个残酷庞大的红色帝国的反派形象,他拥有地面最强的军队,对以美国为首的西方世界造成了巨大的军事压力。这些原本都是为了塑造苏联钢铁巨人的反面形象,却因为过强的游戏属性,成了《红色警戒》中最受欢迎的游戏阵营,包括游戏中的苏联专属BGM都成了经典配乐,让大批没有经历过苏联时期的"90后"玩家成为苏联的"粉丝"。

"苏联反派"是一个典型但偏激的案例,但它反映出了一个很独特的文化现象——游戏作为一种虚拟数字载体,成了目前人们在虚拟世界中去体验一个新世界最直观的方式。在游戏的世界中,"苏联反派"之外是更吸引人的苏联美学。

2022年2月18日,广受关注的俄罗斯游戏《原子之心》(见图6.1)发布了新预告，尽管距离它的第一版预告已经过去了 5 年，但还是有大批的游戏爱好者投来了期待的目光，这份期待源自它的题材——这是一部以苏联科幻为题材的游戏。苏联与科幻，不管是哪一个话题都足够引起人们无限的遐想，更何况游戏预告片所呈现出的那种独特的美术风格。

图 6.1　《原子之心》预告截图（图片来源于网络）

　　苏联作为 20 世纪与美国分庭抗礼的超级大国，并不只是因为红军的钢铁洪流，而是因为苏联在各个方面都表现出强大实力，其中就包括苏联的文艺创作。苏联发展出了完全不同于欧美的文化艺术风格，它完全摆脱了旧世界的文化意识形态，但又保留了俄罗斯民族长期以来现实主义与古典主义文艺传统的结合体，并且随着构成主义、抽象艺术在苏联的发展，苏联美学在现实主义与古典主义的基础上激发出无限的想象力，孕育出了独具魅力的苏联科幻。

　　毫无疑问，《原子之心》的元素与内核都深深地打动着游戏爱好者们，苏联也在新一代没有相关记忆的年轻人中重新获得了关注，并且通过游戏这种虚拟载体去塑造了一个全新的平行时空的苏联——在这个世界中苏联依然存在，并且机器人和 AI 技术发展迅猛，人类遇到了新的生存危机……玩家在体验苏联式硬核科幻的同时，也在游戏中被那些体现着苏联美学的美术风格与建模设计深深地打动着。

二、视觉沉浸技术体验

在上文中提到的 VR 技术的不断成熟，为游戏爱好者们提供了更加真实的游戏体验，此类技术不仅仅是 VR。随着视觉技术的不断发展，包括 VR、AI、球形环幕等等技术层出不穷。敦煌莫高窟数字展示中心是国内较早的球形环幕应用者之一。每一个来到莫高窟参观的游客，都会在数字展示中心观看三部关于敦煌与莫高窟的展示短片，首先对敦煌与莫高窟的历史背景有一个基础的了解。这样能帮助游客在后续参观洞窟时，通过讲解能对洞窟中的壁画有更深入准确的了解。

当然莫高窟的球形环幕还是比较基础的技术应用，其实当球形环幕银幕足够大、分辨率足够高时，就可以通过辅助设备的配合实现裸眼 3D 的效果，实现更为真实的虚拟体验。如今各个主题乐园中的类似的"飞翔影院"项目都应用了最顶尖的球形环幕技术，为游客提供最真实的"飞翔"体验，例如，上海迪士尼的"飞越地平线"、奥兰多迪士尼的"飞越加州"、欢乐谷的"飞跃重庆"等等项目。

"飞翔影院"无论在哪个主题乐园中都是最热门的项目之一，但是也可以看出，它们都局限于单纯的实景景观。当然选择这些景观也是为了通过现实中无法实现的角度，来观赏这些熟悉的景观建筑的反差感，来满足游客的新鲜与刺激体验。但是方特的《飞跃千里江山》因为其选题，毫无疑问地成为其中最特殊的一个案例。

《飞跃千里江山》，顾名思义，方特选择将传世名画《千里江山图》作为"飞翔影院"的主题。在直径 22 米的 180° 的半球形全包围银幕上，是数字团队利用三维立体建模、3D 数字着色、48 帧率 4K 分辨率呈现出的立体生动的千里江山图景。游客在悬空的移动座椅上，伴随着旁白的前情介绍，穿过现实与虚拟的界限，游客将首先在崇政殿中看到宋徽宗与一众大臣，随着对话的进行，剧情慢慢展开。此时一只白鹤突然出现，跟随着这只白鹤的视角，游客渐渐地发现自己已经置身于"画中"，青山绿水、农家渔夫，一派其乐融融的景象，似乎游客真的可以在这一镜到底的画中找到那位名叫王希孟的少年（见图 6.2）。

图 6.2　《飞跃千里江山》效果图（图片来源于网络）

　　《飞跃千里江山》成为首例带有剧情设计的游戏项目，在《千里江山图》本身的历史传说加持下，这种参与其中的沉浸感有点类似于上文提到的沉浸式戏剧《不眠之夜》的感觉，游客以白鹤为视角，真实地经历了一场发生于北宋徽宗时期的真实事件，每一位游客都是寻找这位天才少年画家的一员，也都在寻找的过程中为少年的画作所倾倒，也都真实地体会到了为何北宋时期会留下"希孟入画"的美好传说，这是传统中国文化中的浪漫，也是人们对少年的惜留之情。

一项最前沿的技术诠释了一场千年前的传说，这正是虚拟现实技术带来的福利，在技术的发展下，时间似乎不再是人们体验文化的障碍，有些传世作品所传递的情感，只需要亲身去体验一番，就可以轻而易举地体会其中的韵味。

电影《头号玩家》描绘了一个未来世界的图景——虚拟的游戏世界占据了人类几乎全部的现实生活。在这个世界中，除了维持生命最基础的生理需求无法得到满足外，其他几乎所有生产生活、社交购物都可以在虚拟社区完成，甚至是社交中的身体触感都可以通过特殊材质的游戏服得以满足。随着"元宇宙"这一概念的提出，电影中的场景或许离我们将不再遥远。不论最终"元宇宙"是华尔街新的金融噱头，还是信息技术大爆炸的前奏；不论是太空之旅，还是虚拟世界，我们都有理由相信，当世界终将走向我们无法预知的未来时，文化艺术作为时代记忆的保存形式，必然会通过此时此刻、彼时彼刻存在的载体去完成自己的传播与传承。

第三部分

文化体验营销

第七章
文化体验营销背景分析

将体验理念运用于文化产品及服务的设计环节，无疑是拉近文化与用户间距离的有效举措，但是将文化产品及服务真正推向市场，并获得经济价值与社会价值双重效益，更离不开采用适时恰当的营销模式及路径。在体验经济时代，实施·体验式营销就是文化产品及服务的切实营销出路。下文将简要概述体验式营销理念以及分析当下进行文化体验式营销的必要性及可行性。

第一节　体验式营销理念概述

截至目前，人类社会经济共经历了四大发展阶段，即农业经济时代、工业经济时代、服务业经济时代以及体验经济时代。无论处于何种经济时代，营销都是企业或商品服务与消费者建立联结的手段。同时，每一经济时代均有与其相对应的营销模式，在体验经济时代，实施体验式营销就是文化产品及服务的切实营销出路。体验式营销的崛起离不开体验经济的发展，如上文所及，这一概念最终以成熟的理论化形式出现是在 20 世纪 90 年代末，来自美国的两位经济学家 B. 约瑟夫·派恩以及詹姆斯·H. 吉尔摩将体验经济定义为：企业以服务为舞台，以商品为道具，为消费者创造出值得回忆的活动。体验经济是服务经济的延续与升华，体验经济与服务经济最大的差异在于体验经济将顾客的体验置于重心，通过系列营销手段的实施来促使消费者基于感性层面的付费。而服务经济则侧重于通过为消费者创造优质服务来获得回报。进入体验经济时代后，营销模式也随即发生了变革，一种新兴的营销模式体验营销也在这一时代背景下应运而生了。

与体验经济概念的提出时间相似，体验式营销的概念也是在 20 世纪 90 年代末诞生的。这一概念由美国"体验营销之父"伯德·施密特博士提出，伯德·施密特博士在其著作《体验式营销》（*Experiential Marketing*）一书中从五个角度阐释了消费者的体验，涉及消费者的感官、情感、思考、行动以及关联五个方面。伯德·施密特博士的这一思考角度打破了传统营销中将消费者完全假设为"理性人"的局限性。在其著作中，他将消费者更进一步地定义为圆形人物，即消费者是理性与感性兼具的，消费者在消费全过程中的体验才是研究消费者行为与企业经营行为的关键。在当前的经济背景下，将消费者的感官、情感、思考、行动及外在关联均囊括的营销符合消费群体预期，能够更进一步助推企业理念的传达以及效益的提升，率先将体验式营销运用于生产经营的企业，将会斩获全新的时代机遇。伯德·施密特博士的贡献不仅在于提出了体验式营销这一概念，他还为体验式营销的具体实施提供了理论参考即体验矩阵理论。关于何为体验矩阵以及如何运用体验矩阵去实施体验式营销，将在本书的第九章进行详细阐述。

第二节　文化体验营销的必要性分析

对于任何产业而言，营销都是其与社会建立广泛联结的纽带。在产品及服务价值实现的背后，营销发挥着至关重要的作用。每一经济时代都有与之相适应的营销模式，恰到好处的营销路径将对企业主体的经营起到正面作用。在体验经济时代，由于用户的阈值不断提升、市场竞争态势激烈、经营模式扭转等因素，营销也面临着更高的要求。植根于体验经济时代的体验式营销，通过满足用户实现自我认同、与品牌建立联结等诉求，具备提升品牌市场知名度，助力企业传达经营理念等优势，已成为当前的主流营销模式。

一、用户层面：阈值提升，消费驱动因子多元化

　　营销模式的选择应基于对用户需求的客观分析，脱离用户需求的营销模式将不利于产业的长久发展。从农业经济时代、工业经济时代、服务业经济时代，再到当下的体验经济时代，用户的需求发生了显著的变化。在以往的经济时代，由于产品及服务的选择品类及用户可支配资金极其有限，价格、实用性成为用户消费的主导因素。在这一背景下，主打物美价廉的传统营销模式得以盛行。而在体验经济时代，来自 B 端、C 端产业用户的消费阈值提升，驱动因子更为多元化，价格及实用性不再是消费的唯一考量，感官效果、情愫调动、品牌与用户间的沟通距离、思想影响力、社会责任感等也成为影响其决策的重要因素。这一变化在当前消费主力军 Z 世代群体中体现得愈加明显，Z 世代[①] 用户已将个性展现、获得文化及身份认同感以及打破品牌与消费者间的隔阂等诉求，作为了消费的核心影响因素。

　　立足于用户需求变化，我们可以很清晰地认识到，用户并非是完全理性的个体，

---

① Z 世代是指 1995—2009 年间出生的一代，又称之为网络世代、互联网世代，统指受互联网、即时通信、短讯、MP3、智能手机和平板电脑等科技物影响很大的一代人，其特点为注重体验、个性鲜明、自尊心强烈。

而是集聚理性与感性的综合体。在以往的经济时代，营销策略的制定过程中更多地将用户置于理性层面，而忽视其作为感性主体的存在。在"产业文化化"的趋势下，由于文化产品及文化服务拥有的特殊属性，在营销环节更要充分重视用户的感性诉求。由于体验式营销具备拉近用户与品牌间情感距离，提升用户信任感及忠诚度，以及为用户提供思想引导等优势，品牌的文化产品及服务营销应当将其作为核心选择。尽管体验式营销在我国仍被视为一个新颖的概念，但率先试行体验式营销的品牌已在与用户建立连接方面获得了重要的突破。以百年老字号鞋业内联升为例，通过打造以中华百年鞋业文化复兴为主题的线下体验式快闪店，扭转了老字号在用户心目中陈旧落后、与时代发展脱轨的形象，向年轻代用户展示了老字号的新面貌以及百年发展史蕴藏的工匠精神，消除了与用户间的不对称信息，在很大程度上重塑了形象，并增进了这一传统文化品牌与新生代消费者间的情感距离。综上，在消费驱动因素日益多元化的当下，文化产品及服务品牌方需要积极借助新型体验式营销的力量。

二、市场层面：原有格局被打破，竞争态势激烈

合适的营销模式及路径不仅可以稳固存量、实现增量，更是助力品牌在市场竞争中实现突围的有效举措。与以往的经济时代相比，体验经济时代下的市场竞争态势更为激烈，一家独大的原有竞争格局被打破，各有所强的格局逐渐形成，且在各行业甚至各细分品类均有明显呈现。以茶饮业为例，在计划经济时代，张一元等老字号品牌是国人的首选，这类茶饮品牌在市场上自然也会占据较高份额。然而，随着立顿、小罐茶、喜茶、乐乐茶等新晋茶饮品牌深得年轻一代消费者的喜爱，

亟须拓展用户增量的茶饮品牌也陷入了困局。除了茶饮业，原有竞争格局被撼动的现状在糕点品类中也体现得淋漓尽致。如今已有 120 余年发展史的稻香村曾被消费者视为糕点精品及高端礼品，但是当下也面临着不被新生代消费者问津，市场份额逐渐流失的瓶颈。对于当代消费者而言，相近的价格的背后是更多的消费选择，以稻香村糕点礼盒的价格可获得诸如布哥东京、巴黎贝甜在内的色香味且人气俱佳的新品。不论是张一元还是稻香村，这些品牌都是我国饮食文化的经典代表。它们在体验经济时代的发展趋势，也象征着我国优秀传统文化的命脉走向。

处于市场竞争激烈的局面，提供文化产品及服务的品牌方需要认清一个不可扭转的现实，即越来越丰富且具备影响力的文化产品及服务，在市场中流通既是我国对外发展战略的结果，同时也离不开我国经济在近几十年的腾飞发展。20 世纪 80 年代初的改革开放政策，21 世纪初我国加入世界贸易组织，以及 2022 年《区域全面经济伙伴关系协议》的正式生效，均为全球产品及服务进入中国市场开辟了路径。而我国所实行的中国特色社会主义市场经济体制，以及经济的高速高质发展，也为国内新晋品牌的蓬勃壮大提供了肥沃的土壤。基于此，文化产品及服务若想占据更高的市场份额，还需在内外竞争中突围。在实现突破的过程中，品牌方应当积极借鉴榜样的力量，深入分析当前与用户建立紧密联结，并占据较高市场份额的品牌所运用的策略。纵观各品类的榜样品牌，其与用户成功建立联系离不开营销战略的实施，尤其是将体验式营销思维运用于其中。以上文提到的新晋茶饮品牌乐乐茶为例，其在营销实践中充分采用跨界联名战术，通过与党政媒体《人民日报》联合进行创新式传播，最大化地满足了年轻一代用户追求个性化视觉体验、时尚新潮身份认同等需求，体验式营销在此过程中发挥了重要的作用。

因此，为了在新型竞争格局中实现超越，文化产品与服务品牌方应及时合理地布局体验式营销策略。

三、经营层面：可持续经营转型已成大势所趋

对于企业来说，营销是经营模式、经营理念实现对外传达的有效途径，因此，模式及理念的对外披露需结合与之匹配的营销策略。要想实现这一点，首先要做的就是对自身理想的经营模式及理念有明确的认知及分析。企业经营模式及理念的选择会明显受到经济发展水平、国际环境以及相关政策的影响。在新冠疫情暴发之前，大多数企业着重披露的模式及理念聚焦在以用户为本、发力创新、提供高质产品服务等层面；经历疫情的冲击以及更加严峻的气候变化挑战之后，企业为了实现长足发展，调整经营模式及理念成了有效的应对之道。如今我国已成为全球第二大经济体，对全球经济复苏发挥着至关重要的作用。在全球寻求绿色低碳发展的趋势下，我国也做出了积极的回应，习近平总书记在第七十五届联合国大会一般性辩论上提出了 2030 年实现"碳达峰"、2060 年实现"碳中和"的战略目标，以期在世界舞台上贡献更多的中国力量。

此外，ESG[①]（环境保护、社会责任、公司治理）投资理念于近些年在我国也备受关注，那些率先实现经济效益以及社会效益的企业，有机会赢得更多的资本

---

① ESG 是 environmental（环境）、social（社会）和 governance（治理）的首字母缩写，是一种关注企业环境、社会、公司治理绩效而非传统财务绩效的投资理念和企业评价标准。环境是指考虑企业对环境的影响，例如，企业环保政策、员工环保意识、生产废弃物排放措施等；社会是指考虑企业对社会的影响，例如，企业社区关系、员工健康、职场性别平等等；治理是指考虑企业的公司治理，例如，内部权力争夺、管理层的有效监督、高管腐败等。投资者可以通过观测企业 ESG 评级来评估投资对象在绿色环保、履行社会责任等方面的贡献，对企业是否符合长期投资做出判断。

青睐。在此背景下，可持续经营转型也成大势所趋，企业在制定其经营模式及理念时，应将助力构建绿色环境、维护利益相关方权益等加入其中。确定经营模式、理念的优化路径后，下一步需要评估的就是现有营销策略的可行性。当前大多数企业的营销模式和路径与未来的可持续发展模式及理念适配度较低，仍存在明显的滞后性，这一现状在提供文化产品及服务的企业中也体现得明显，尽管其相较于其他产业具有更高的人文性、关怀度。因此，找到合适的营销模式与路径对于企业极其重要。

在体验经济时代兴起的体验式营销，就为企业展现可持续经营模式以及传达可持续理念提供了解决方案。体验式营销作为新型的营销模式及理念，其新颖之处的一大体现即能够触及众多利益相关方的感性思考，且在营销实践中展现出更高的格局，将企业的社会责任、绿色环保的业绩披露作为了实操重点。产出文化产品及服务的企业，若想在社会公众面前树立负责任及践行可持续发展的形象，应当及时采用体验式营销模式及路径。

第三节　文化体验营销的可行性分析

文化产品及服务依托体验式营销，满足当代用户需求，应对市场竞争及经营格局变化，具有切实的必要性。与此同时，由于产出文化产品及服务的品牌方具备丰富的文化元素及深厚的文化内涵，且当前的利好性政策、经济环境以及先进的高新技术，也将会为品牌方实施体验营销提供支撑。因此，文化产品及服务运用体验营销模式及路径具有一定的可行性。

一、品牌固有的文化元素是体验营销实施的基础

实施体验式营销离不开挖掘营销实施主体所拥有的文化内涵，换言之，品牌自身所蕴含的文化元素即体验营销实施的核心要素。一般而言，每一个品牌都有其独特的文化足迹与文化记忆，提供文化产品及服务的品牌方所蕴藏的内涵更是具有稀缺价值及传承意义。文化元素是一个泛泛的概念，在本书中，我们将按照宏观到微观再到宏观的程序，从产业历史文化、品牌自身文化、社会价值意义三个维度简要分析支撑体验营销实施的文化元素。

就产业历史文化而言，每一个文化品牌所归属的产业，都拥有着深厚且值得回味流传的发展文化。诞生于产业发展的文化元素为实施体验营销提供了坚实有力且可信赖、可追溯的"原材料"，例如，茶饮品牌背后蕴藏着源远流长、生生不息的茶文化；餐饮品牌的发展植根于不同地域的饮食文化，如川渝火锅店所代表的当地火锅文化，内蒙古区域的蒙氏餐厅所象征的蒙元文化等。无论是面向 C 端的轻型加工制造业，还是面向 B 端的大型重工业，加工制造行业品牌的发展都离不开精益求精、开拓创新以及工匠精神的支撑。立足于品牌自身文化，拥有自身文化典故的品牌，将为其实施体验营销提供更为直接纯粹的背书基础，且这一文化基因能够永续传承，历经时代的考验。纵观闻名全球的经典文化品牌，不论是高奢时尚品牌香奈尔（Chanel）、克里斯汀·迪奥（Christian Dior）、路易·威登（Louis Vuitton），还是深受各国青年群体用户青睐的香烟品牌万宝路，其经典的文化叙事为品牌与社会建立广泛联结提供了稳固的载体。

此外，就社会价值意义来说，体验式营销着重强调品牌所产生的社会效益，而近年来，越来越多的品牌开始对外披露其企业社会责任、环境保护以及公司治

理的杰出业绩，业绩的背后正是品牌追求社会效益的显著体现。产出文化产品及服务的品牌因其特殊属性，在其发展过程中更加看重其经济效益与社会价值意义的统一，因此，这些品牌具备实施体验营销的最基础元素。

二、利好的政策为文化体验营销提供坚实支撑

体验营销是产业文化化趋势下的必由路径，从广义角度来看，提供文化产品及服务的主体都可被视为文化产业从事方。体验营销的健康有序发展，在很大程度上取决于实施主体是否处在良好的发展状态，作为朝阳性质产业，其发展不仅受到我国经济高质量发展以及后疫情时代快速实现经济复苏的坚实支撑，更得益于文化产业在近些年得到了诸多利好性政策的扶持。由此，针对文化产品及服务的体验营销符合时代发展方向，将会获得来自政策层面的全方位有力支持。

自"十三五"规划纲要提出"文化产业成为国民经济支柱性产业"的目标以来，文化产业的发展已被提升至战略高度。在十九大报告中，习近平总书记提出当前我国文化产业已进入新的发展阶段的新形势，并将重新认识文化生态、文化生产、文化传承形势作为文化产业发展的新思路，此外还强调打造国家文化基因工程的新战略。而《中华人民共和国国民经济和社会发展第十四个五年规划和 2035 年远景目标纲要》提出了坚持把社会效益放在首位、社会效益和经济效益相统一，健全现代文化产业体系和市场体系，并将扩大优质文化产品供给作为未来发展的核心。党的十九届六中全会通过的《中共中央关于党的百年奋斗重大成就和历史经验的决议》，深刻总结了党的十八大以来我们党推进文化建设的战略部署和重大成

就，强调"推动中华优秀传统文化创造性转化、创新性发展"。

在战略目标的驱动下，支持产业繁荣振兴的政策法规也陆续面世，尤其是针对中华优秀传统文化在当代的传承及创新发展。2017年6月颁布的《关于实施中华优秀传统文化传承发展工程的意见》（以下简称《意见》）着重提出，用中华优秀传统文化的精髓涵养企业精神，培育现代企业文化。实施中华老字号保护发展工程，支持一批文化特色浓、品牌信誉高、有市场竞争力的中华老字号做精做强。为了促进传统文化在当代的传播，该《意见》也提出了综合运用报纸、书刊、电台、电视台、互联网站等各类载体，融通多媒体资源，统筹宣传、文化、文物等各方力量，创新表达方式，大力彰显中华文化魅力。以上所及的政策方针均为文化品牌的体验式营销实施提供了正向的支持。

三、先进技术为文化体验营销创造更多可能性

不论是文化内涵的体验还是营销策略的实施，都离不开科学技术工具的加持。先进技术手段逐渐运用于生产实践，为文化产品及服务的体验式营销创造了更多的选择性与便利性。当前，互联网、物联网、5G、人工智能、大数据、虚拟现实、增强现实等核心技术的运用将为助力文化体验营销与实现更优质的发展提供牢固基础。

依托大数据技术，品牌将对用户需求做出更为精准的洞察，从而实施真正适销对路的营销路径。以饮食类品牌为例，运用大数据分析能够对用户的口感、视觉等需求做出精确的判断，从而进行及时的营销改进，进一步优化用户的消费体验。

近些年，虚拟现实技术（VR）以及增强现实技术（AR）逐步运用于文化传播与营销领域，旨在以一种更为直观具体的方式为用户带来真切的体验。VR技术在疫情期间更是获得了广泛而全面的运用，例如，世界各地的旅游局纷纷推出以VR技术驱动的云旅行体验。与旅游业相似，受疫情影响，用户前往实地看房受到了阻碍，在此背景下，一些寻求突破的房产中介如自如、链家推出了VR看房，足不出户即可提升用户的看房体验。除了VR技术外，人工智能技术（AI）也在文化艺术传播以及营销过程中发挥了画龙点睛的作用。在美术馆、展览馆等文化场馆中，人工智能讲解服务充分满足了观众的文化体验欲望。而在一些较为高档的酒店、餐厅中，机器人送餐员的出现也为用户带来了全新的体验。综上，技术的运用将为文化产品及服务的体验式营销带来更多的可能性。

第八章
开展文化体验营销的步骤

事实上，文化体验营销的实施是一个系统工程，切不可一蹴而就。与开展其他项目的程序相似，文化体验营销项目的推进也需要做好前期的铺垫，在充分准备的基础上继而按部就班地推进。最后仍需要对实施体验营销的效果进行复盘，并积极披露优秀成果。

第一节　文化体验营销的前期程序

在开展体验营销的前期铺垫中，提供文化产品及服务的企业应当遵循三步走策略，首先，应当在企业经营中将体验营销提升至战略地位；其次，还需整体盘活公司内部可用于实施体验营销的资源；最后，在体验营销正式实施前，一定要明确企业的核心受众。

一、提升体验式营销的战略地位

在公司运行体系中，处于战略高度的核心业务环节将会获得更多资源的倾斜，包括制度政策、资金投入、人才配备等。若想顺利实施体验式营销并为企业带来经济效益与社会效益的双赢，离不开各项资源的充分投入。一般而言，在一个公司内部，营销环节的实施由市场营销部门来负责。纵观当前企业内部的各部门权重占比，能够在短期内创造最大化收益的部门将会受到管理层级的高度重视。相较而言，处于支持性、辅助性位置且无法直接创造经济收益的职能类部门，得到的资源倾注将会被削弱很多，而大部分公司的市场营销部门就属于其中。在此情形下，企业有必要采取策略以提高体验式营销在企业中的战略地位。

关于如何提升体验营销在提供文化产品及服务的企业中的重要性，可尝试采用3C策略，即C-level（高级管理层）、connection（连接度）、contribution（贡献值）。首先，我们先来了解第一个C——C-level（高级管理层），为了提升体验式营销在企业中的权重，这一业务环节应当由企业C-level高级管理层牵头推进，而非仅作为营销部门所实施的一个细分项目。通常，由企业高级管理层驱动的业务将会获得更多的资源倾注，而在当前，不少企业的营销部门仅将体验式营销视为未来的趋势，企业管理层也尚未从战略规划层面给予其充分的重视及投入。因此，为了提升体验式营销在文化企业中的战略地位，还应当由C-level高级管理层直接推动。其次，connection（连接度），即提高体验式营销与企业经营战略、企业发展目标的关联性，只有做到紧密结合才能起到正向的促进作用。如果体验式营销的实施脱离了企业既定的发展战略及目标，其在整个企业层面的权重地位就会逐渐被边缘化。基于此，在实施体验营销之前，切不可缺乏方向与路线，还应当寻找到其与经营战略及目标之间的最强连接点，从而采取行之有效的路径，以此提升体验营销在企业业务环节的战略高度。最后，contribution（贡献值）则是指提高体验式营销对于企业经营的贡献。在政策及社会环境的影响下，企业追求经济效益与社会效益齐头并进的可持续发展模式已是大势所趋。尽管营销可能并不会直接快速地创造累积经济价值，但是营销是赋能企业提升社会效益的有效手段。因此，文化企业体验式营销在实施之前还应当将提升社会效益作为一个核心出发点，通过加速企业社会价值的创造来提升其在企业运营层面的站位高度。

二、盘活并合理统筹资源

提供文化产品及服务的企业，若想通过实施体验营销获得经济及社会效益，需要在体验式营销实施之初就为其配置充足的资源。与推进其他项目相似，部署开展体验式营销也需要资金、人力资源的投入，以及外部专业力量的支持。为此，企业应当全方位统筹资源，对现有资源进行盘点与盘活，并为体验营销配置合理的财务投资、人力资源及"外脑"支持。

首先，在资金配置方面，企业需要科学盘点年度体验营销实施所需的财务支出，在制定下一年度预算时，适当提升这一部分的支出数额及比重。在完善投入的同时，企业应当及时复盘项目执行状况，依据每一季度的投入产出现状，合理调整下一阶段的投入比例。这里需要注意的一点是，体验营销的产出并不可单纯以财务利益来衡量，对此，公司应当在实施前就明确体验营销项目的考核标准。其次，企业需要为体验营销的实施配备合适的人才资源。对于文化企业而言，在实施体验营销这一环节时，所需要的从业者应拥有深厚文化积淀、专业知识储备、逻辑分析及执行管理等能力。因此，企业亟须完善人才培养模式并激活人才引进机制，为体验式营销的实施提前做好人才储备。最后，除了资金配置以及人才储备之外，企业体验式营销的实施还需要外部专业力量的支持。如前文所及，实施体验式营销是一个系统工程，在这一过程中需要内、外部力量的协同。关于如何获取"外脑"

资源以全面有效地开展项目，还需要文化企业依托自身影响力及采购渠道，为体验式营销的开展赢得更多外部专业力量的支持。

三、明确开展体验营销的核心受众

明确核心受众对于营销的实施至关重要，这一点同样适用于体验式营销。针对不同的营销受众，实施主体所采用的营销手段、营销调性等元素也是有所差异的。因此，除了提升体验式营销的战略地位以及盘活并合理统筹资源外，提供文化产品及服务的企业还需要在实施体验营销前明晰其具体的受众。

在进行受众定位时，首先，企业要遵循其行业属性，即企业的核心产业是属于 To C 端还是 To B 端。其次，企业需要结合其具体的目标。对于 To C 端企业来说，其受众基本聚焦于普通消费者，而对于 To B 端企业来说，受众主体就较为多元化，在实施体验式营销时其受众可能涵盖了政府机关、行业客户、专家以及供应商等。如果受众主体为普通消费者群体，体验式营销的调性将会更加的生动、形象，方式手段也将更具新颖性、潮流感和时尚度。反之，如果是 To B 端企业，营销调性则会偏向于专业且政策导向，方式手段也将与 To C 端企业有显著区别。除了行业属性外，具体目标也是企业在明确体验式营销受众时不可忽略的要素。以 To C 端企业为例，如果其开展体验营销的目标为开拓中老年人群市场，在此目标驱动下，中老年人成了核心受众。在实施环节中，就需要贴近这一群体的整体消费水平、兴趣偏好以及成长经历等。对于 To B 端企业，如果其目标为进一步增强在政府、客户层面的信任感，那么紧随政策趋势，做好社会效益的传播也是一个行之有效的方式。

综上，核心受众的定位对于未来营销走向有明显影响，因此，企业在实施体验营销前有必要明确受众。

第二节   文化体验营销的实施过程

做好前期铺垫后，就要进入体验营销的正式实施环节了。在这一过程中，提供文化产品及服务的企业既要有条不紊地推进实践，也要紧握体验营销背后的根本方向及逻辑。在具体执行中，企业应当循序渐进地推进重点目标、把握项目的底层逻辑以及借助多方资源构建合作伙伴生态圈。

一、循序渐进地落实阶段重点目标

如前文所及，体验式营销涉及五大层面，即感官体验、情感体验、思考体验、行动体验、关联体验，这五类体验呈现渐进式、阶梯式上升态势。其中，感官体验、情感体验直观具体，在实施操作上处于较浅层面，而思考体验、行动体验、关联体验则较为抽象，在具体执行上难度就更上了一层次。对于企业来说，实施体验营销不可一蹴而就，需要在明确自身所处阶段的基础上，循序渐进地推进重点目标。

本书中，我们假设体验营销的实施要经历三个阶段，即初级阶段、进阶阶段、高级阶段。在实施的初级阶段，由于还处于摸爬滚打的尝试时期，无论是资金还是人力资源的投入都是相对有限的。因此，提供文化产品及服务的企业在这一时期应从较为容易的板块入手，将感官体验营销的实施作为重中之重，若有余力则实施情感体验。在推进感官体验营销的过程中，企业还应按照细化目标逐一落实。感官体验具体涵盖视觉、听觉、嗅觉、触觉等维度，企业在推进每一个维度时同样需要按照先易后难的次序原则，以确保每一细小目标的落地都有事件经验可供参考。

到了体验营销实施的进阶阶段，感官体验营销已经获得了实际成效，如获客量的提升，销量以及收益的一定增长。这一时期，企业已经积累了一定的经验，且树立了推进下一阶段目标落实的信心。在此过程中，体验营销应当由外向内地触及用户的情感维度，正式推进情感体验营销的实施。在微观的程序上，需要明确的一个关键点是情感体验营销客体的优先级，因此，企业在实践过程中应抓准核心受众的情感诉求，在获取经验的基础上，推进面向优先级次之的客户的情感体验满足。

处于较低层次的感官体验营销、情感体验营销目标顺路达成后，体验营销实施也到达了高级阶段，这时企业要做的是完成更高阶的跨越。在此期间，思考体验营销、行动体验营销、关联体验营销的推进也应当提上日程，与最初的感官体验、情感体验有所差异，高级阶段的体验营销将侧重于激发用户的思想共鸣，强化其身份认同并满足其个性期待。

二、把握项目实施的底层逻辑

体验式营销这一概念对于很多提供文化产品及服务的企业而言还是比较新鲜的，在实施阶段，企业必将会接触到一些新颖潮流的工具以及具有前瞻性的理念。然而，如传统营销模式一样，体验式营销也需要落到实处而非仅停留于形式，因此，在这一过程中还需要不忘初心，把握好项目实施的底层逻辑。体验式营销的底层逻辑所涉及的维度较为多元化，在本书中，我们具体抓取其中的两大方面，即品质取胜以及以人为本。

无论企业从事哪一类业务的经营，以品质取胜都是其长久立足于市场的不朽之本，这一底层逻辑在过往的营销策略中也得到了高度的证实。对于营销行业从业者而言，4P（product、price、place、promotion）策略是一套熟悉且成熟的方法论。营销学 4P 理论诞生于 20 世纪 60 年代，"现代营销学之父"菲利普·科特勒，在其畅销书《营销管理：分析、规划与控制》中，进一步确认了以 4Ps 为核心的营销组合方法。其中，第一点产品（product）则是注重开发的功能，要求产品有独特的卖点，把产品的功能诉求放在第一位。在体验经济时代，重视产品及服务的功能质量仍然是营销实施的立足之本，唯有企业提供的产品和服务能够为消费群体带来实用价值，才能为企业通过体验营销来巩固存量市场奠定基础。因此，提供文化产品及服务的企业，应当在实施体验营销的过程中不忘坚守品质取胜这一条底层逻辑。

除了品质取胜外，企业在实施体验营销的过程中还需要时刻把握好另一底层逻辑，即以人为本。以人为本这一逻辑中的"人"，并不局限于消费者群体。在前文中，我们分析了 To C 端企业和 To B 端企业差异化的核心受众，这里的"人"即泛指一切与企业产生关联的利益相关方，涵盖了消费者、工作人员、客户、政府以及供应链上下游等。如本书前文所及，用户并非是完全理性的，而是理性与感性交织的综合体。基于这一特征，企业在推进体验营销时应充分考虑到不同利益相关方的情感核心诉求，并围绕其感性需求设计体验营销的各个环节。假若营销的实施过分注重于形式与噱头，而远远脱离了"人"这一重要元素，极有可能与其最初的目标背道而驰，导致品牌与用户间的情感距离有所断裂。因此，文化产品及服务的提供方切不可忽视以人为本这一重要原则。

三、借力多方资源打造合作生态圈

不论是在学术界还是产业界，都很难界定体验式营销的属性。这一新型的研究方向更具交叉性及多元化，涉及市场战略、传播策略、公共关系、社会效益、业绩披露等，每一细分业务领域的执行均需要纳入拥有资深经验的专业从业者，仅凭企业某一部门的一己之力难以全面推进，且企业在短时间内也难以实现相关业务团队从0到1的建设。因此，企业落实体验式营销还需要引入"外脑"力量，借力多方资源打造合作生态圈，这一点同样适用于提供文化产品及服务的企业。

一般而言，生态圈合作伙伴来自各个领域，在本书中，我们重点提及三个较为核心的合作领域，即市场战略咨询、公关传播策略以及符合未来发展趋势的ESG业绩披露咨询。

首先，就市场战略咨询而言，这与实施体验式营销需要精准把控市场趋势动向有着必然的联系，唯有将营销策略与市场发展大势相结合，才有更大可能性靠近最终目标。由于并不是所有企业在市场洞察领域都有扎实可行的方法论，因此还需要对症下药，与外部专业从事市场研究的机构（例如，总部位于英国牛津，由现代市场研究行业的奠基人之一的阿瑟·查尔斯·尼尔森先生创立的全球著名的市场监测和数据分析公司尼尔森，以及市场研究顾问行业中唯一一家由专业研究顾问人员管理的全球性的上市公司益普索等建立战略合作，为体验式营销的落实提供切实有效的参谋。

其次，公关传播策略这一层面对于体验式营销至关重要。然而，公关传播在我国起步较晚，且尚未形成成熟的发展体系，这一现状同样体现在了很多提供文化产品及服务的企业中。因此，企业亟需与在此业务领域拥有丰富经验的咨询智库（例如，总部位于美国华盛顿的全球领先公共事务、投资咨询和战略传播机构安可顾问 APCO Worldwide，以及世界上最早成立的专业公关公司，也是第一家进入中国的国际公关公司伟达公关顾问 Hill+Knowlton Strategies 等）建立合作，以此获得前沿的方法论指导其具体实践。

最后，论及 ESG 业绩披露咨询，离不开一个显著的趋势，即社会对企业在 ESG（环境保护、社会责任、公司治理）方面的表现提出了更高的要求。与公关传播策略相似，ESG 业绩披露当前在我国也正处于发展雏形期，如何进行 ESG 业绩披露也是困扰很多企业推进体验式营销的一大难题，在此方面，企业通过较早涉足 ESG 研究的机构（例如，总部位于英国伦敦的跨国性专业服务公司安永 Ernst & Young，世界级领先的全球管理咨询公司麦肯锡 McKinsey & Company，以及专注于为客户提供责任投资和 ESG 评估及信息服务、绿色债券评估认证、绿色金融咨询与研究等专业服务的国内领先绿色金融及责任投资专业服务机构商道融绿 Syntao Green Finance 等）获得 ESG 鉴证与报告方面的指导就显得尤为重要。实施体验式营销是一个系统工程，需要充分借力外部优势资源，以此全方位推进这一"大工程"。

第三节　文化体验营销的后期程序

体验式营销的实施意味着一个又一个项目的落地，而每一个项目也终将进入尾声阶段。对于提供文化产品及服务的企业来说，在文化体验营销的后期，有两大核心程序需要完成，即项目实施经验成果的复盘以及申请与项目相关的权威认证。复盘经验成果旨在为接下来的项目奠定基础，而申请奖项及认证则是为了提升体验式营销的外部影响力。

一、多维度复盘项目的实施历程

对于每一个提供文化产品及服务的企业来说，实施体验式营销的经验历程都是独一无二的。在这一过程中，无论成败，企业都会在一定程度上获得益处，为接下来的体验式营销旅程奠定良好的基础。因此，及时复盘项目实施的经验历程于企业而言尤为重要。然而，很多企业不仅缺乏体验营销的实操经历，同时在复盘这一项目方面也面临无从下手的困局。对此，本书建议企业在复盘时一定要具备条理及逻辑，从内、外部两个维度来分析体验营销实施的经验历程。

首先，从内部维度来看，企业既需要复盘这一项目带来的实际效益，也需要考量内部人员要素的分配是否合适。关于实际效益的复盘，企业可以从两个层面入手，其一是体验营销项目的实施对于产品或服务营收的影响，是否达到了预期的目标。其二是项目的实施对于外部利益相关方的影响，尤其是处于融资状态或是已上市的企业是否在投资人关系方面获得更大进展，甚至是股票走向的正向促进作用。而关于人员要素的分配，企业需再次考量项目实施所需的各方面专业人员配置比例，通过对比现有业务人员的工作重心，按需调整专业人员的业务分配，以此达到最优化效果。

其次，从外部维度来分析，企业在项目复盘过程中应当衡量两大指标。一方面，在项目实施过程中是否引入了足够的"外脑"支持以及起到的实践效果如何。另一方面，企业也需要参考项目实施后的外部认证情况。就"外脑"支持效果而言，企业在复盘过程中要对比项目实施前与支持机构所设定的提升指标，并根据实际结果对指标进行改善，或是对"外脑"资源进行相应的调整优化。就外部认证情况来说，即实施中或已落地的项目所获得的外部机构权威认证，应关注这些认证与项目本身的相关程度以及奖项认证在行业领域的权重。关于权威认证的内容，接下来的部分即将提及。

二、积极申请项目相关的权威认证

在项目实施即将步入尾声或已完成的阶段，提供文化产品及服务的企业应当把申请项目相关的权威认证提上日程。奖项及认证的申请不仅是对内部项目实施人员组织的激励，同时也是为了提升品牌外部影响力从而赢得更多的发展机遇。例如，与利益相关方的合作以及对于投资方的吸引力。关于企业应该为体验式营销项目的实施申请哪些方向的认证，本书将着重提到营销类、企业社会责任及公益类、ESG 认证类的奖项。

当前，有资质提供营销类认证的机构在全球已达到了一定的规模，企业申请此类奖项认证需提前对颁发机构进行深入的分析与了解，以确保投入产出结果的最优化。假若提供文化产品及服务的企业目前仅将市场重心放在了本国，在营销类认证的选择上可以优先申请国内著名机构的奖项，例如，由中国公共关系网主办的金旗奖。这一奖项创办于 2010 年，截至 2022 年已成功举办过 13 届，成为学习和研究中国传播营销发展的范例和样本。如果企业未来有意向去拓宽市场，尤其是海外市场，在选择层面可以更倾向于国际性知名机构的认证，例如，20 世纪 60 年代诞生于美国纽约的艾菲奖。艾菲奖自 1968 年设立起，已引领全球实效营销 50 余年。它通过奖项、教育和实效营销的见解，来引导、启迪并表彰世界范围内

50 多个国家和地区的实效营销作品及其实践者，被誉为全球象征的营销成就，同时也是指导营销趋势的重要资源。此外，享誉全球的金狮奖以及戛纳创意奖也是强实力企业可以致力的方向。

而关于企业社会责任及公益类奖项认证的申请，企业还需要充分了解当前的评选趋势。不难看出，越来越多的知名媒体已将这一类奖项的评比作为了核心业务板块，并且这一业务未来将会彰显出更强的影响力。在此背景下，企业需要做的是进一步加大对权威媒体的维护力度，通过及时进行相关信息的披露以及奖项认证的申报，来提升获得奖项的概率。近几年，备受企业关注的媒体奖项包括由《经济观察报》颁发的"年度受尊敬百强企业""年度社会责任突出企业"，以及由《可持续发展经济导刊》评选的"金钥匙"大奖等。

除了营销类、企业社会责任及公益类认证外，ESG 认证类奖项也是企业在当前社会需求下亟须关注的重要申请方向。与上述两类认证不同，ESG 认证类奖项的主体主要是已上市的企业，而根据企业上市区域的不同，可选择的认证评级机构也具备一定的差异性。例如，美股上市的企业偏向于申请"道琼斯可持续发展世界指数"。又如，港股上市的企业将"恒生可持续发展企业指数"作为优选，而 A 股上市企业则将商道融绿的 ESG 评级视为核心。因此，企业还需依据自身情况申请相应的认证。

第九章
文化体验营销的模块化打法

从了解体验式营销的概念，到剖析实施这一新式营销的必要性及可行性，再到熟悉前、中、后期的推进程序，仅是在宏观层面对体验式营销拥有了系统性的认知。然而，提供文化产品及服务的企业并不能仅将体验式营销停留在认知层面，更需要倾向于实践性的操作。因此，微观层面的方法论对于有意向开展体验式营销的企业来说更具有针对性。在本章中，我们将解读伯德·施密特博士为企业实施体验式营销所提供的方法论——由战略体验模块与体验工具构建的体验矩阵，并结合当前的营销趋势与企业经营背景，为上述企业提供推进体验式营销的模块化打法。

第一节　体验矩阵理论与模块分割

由伯德·施密特博士提供的体验矩阵方法论自问世以来，就受到了众多世界500强企业的大力推崇。作为一种营销方法论，运用体验矩阵的最终落脚点在于实现消费者的五类体验，即感官体验、情感体验、思考体验、行动体验以及关联体验。这五类体验也被称之为战略体验模块，即体验矩阵的战略支撑。与此同时，实现战略体验模块也离不开运用相应的体验工具。

一、简析体验矩阵的概念

在《体验营销》这一著作中，体验矩阵的主体由两部分构成，即战略体验模块以及实施战略体验模块的体验工具。战略体验模块也被称之为体验式营销的战略基础，由于消费者的体验呈现出了复杂多样化的特征，且每一类体验都具备其自身所特有的结构以及实现过程，因此这些体验可被分为不同的模块，即战略体验模块。战略体验模块又由五部分构成，依次为感官体验模块、情感体验模块、思考体验模块、行动体验模块以及关联体验模块。而要达成这五类体验，需借助于一定的营销工具，这些工具包括沟通、视觉与口头识别、产品呈现、空间环境、共建品牌、电子网络媒体、人员。使用工具的底层逻辑无论在何时都较为稳定，而随着营销背景、消费者诉求以及科学技术的革新，工具的用法将会发生些许变化。

对于体验矩阵的构想，很容易联想到的就是一种组合。事实上，每一种战略体验模块都有与其构成矩阵组合的体验工具。在感官体验这一模块中，沟通、视觉与口头识别、产品呈现、空间环境、人员这些要素通常会发挥重要的作用。至于是哪一类体验工具在感官体验模块中的贡献值更大，还取决于品牌所属的行业、营销环境等要素。在情感体验模块中，沟通、人员这两个体验工具是最为核心且缺一不可的。情感的调动需要以良好的沟通作为前提，而发挥人员的主观能动性将进一步深化沟通的效果。为了实现思考体验模块，共同建立品牌以及善用电子媒介与网络是较为常用的两类手段。如何用好这两种工具，也对很多文化品牌提出了考验。在行动体验模块中，沟通、电子网络与媒介、人员三类工具较为常见，且在营销玩法日益丰富的当下，这些途径的价值也将拥有更大的发挥空间。最后，在实现关联体验模块的过程中，每一种工具都具备不同的功能用途。但是鉴于每一个提供文化产品及服务的品牌各方面预算都有一定的上限，可以先将共同建立品牌以及空间环境作为核心首要的工具加以实施。综上所言，战略体验模块与体验媒介的有机组合，形成了实施体验式营销的核心方法论——体验矩阵（见表9.1）。

表9.1　体验矩阵

体验模块	体 验 媒 介						
	沟通	视觉与口头识别	产品呈现	共同建立品牌	空间环境	电子媒介与网络	人员
感官	√	√	√		√		√
情感	√						√
思考				√		√	
行动	√					√	√
关联				√	√		

二、关于体验矩阵的战略基础——战略体验模块

战略体验模块共由五大板块构成，分别是感官体验模块（SENSE）、情感体验模块（FEEL）、思考体验模块（THINK）、行动体验模块（ACT）以及关联体验模块（RELATE）。如前文所述，每一类模块都对应着文化品牌实施体验营销所处的不同阶段。同时，每一体验模块都有与之相应的核心目标，具体内容如下：

感官体验模块（SENSE）的实施在于通过向消费者的感官提供刺激，进而在消费者的购物决策环节中产生正向积极影响。人类通过五种感官（视觉、听觉、嗅觉、味觉、触觉）来感知信息，其中视觉占据了所有信息来源的80%。一般我们所接触到的品牌营销活动，无论是传统媒体广告、新媒体广告、公关活动还是终端促销，消费者大都以视觉作为内容接收载体。因此，提供文化产品及服务的品牌在实施

感官体验模块时要对视觉要素的发挥给予更多的投入力度。然而，在商业竞争处于白热化的互联网时代，这些品牌也需要注意到一个趋势，那就是仅触动消费者视觉的高度同质化营销手段已无法博得消费者关注，因此企业还需要尝试采用更为新颖复合的方式才能刺激消费者的消费热情。

情感体验模块（FEEL）作为感官体验模块的进阶，实施情感体验模块旨在激发消费者情绪并引发共鸣。基于情感体验模块的体验营销重在搭建消费者与企业沟通交流的情感桥梁，进而获得消费者内心层面的信任。如今，我们已进入了商品与情感逐渐相交融的经济时代，企业的情感体验营销方式在一定程度上有助于赢得竞争优势及扩大市场份额。因此，对于提供文化产品及服务的品牌来说，在实施情感营销时需要将消费者视为感性与理性相结合的主体，摒弃仅将消费者看作理性个体的片面认知，将其情感诉求作为产品或服务营销战略的核心，并通过将情感要素融入产品开发、品牌传播、产品包装、服务等环节，从而拉进品牌与消费者之间的内在沟通距离。

实施思考体验模块（THINK）的目的在于激发消费者进行思考的冲动，从而引导消费者朝着有利于企业或品牌的方向思考。思考体验模块主导下的消费者思考分为两种类型，即发散性思维及收敛性思维。发散性思维即思考主体在思考过程中充分发挥想象力以及突破原有的认知界限，触动消费者的这一思维还需要品牌在体验营销过程的实施中创造一些意外的惊喜。而收敛性思维是指一种以集中为特征的逻辑思维，既涉及定义严谨的理性问题的分析推理，也包括基于盖然性的思考论证，而激发这一思维则需要品牌实施具有正向深度的营销行为。在具体的体验营销实践中，思考体验的营造还需充分考量消费者的思维方式。

行动体验模块（ACT）实施的初衷在于激发消费者的行动欲望，企业通过引导消费者去思考以及行动，为消费者创造机会去感受过程的快感与兴奋，以此来刺激消费者积极接受该企业的产品或服务。企业实施行动体验的形式有两类。一类是通过亲身去感知来自营销策划者的刺激物，这一方式的推进有时更需要借助技术手段以及人员介质来实现。而另一类形式的实施则需要充分考虑到新生代消费者的一种显著特征，即他们通常会用特定的品牌或者独特的服务来表明自己的生活态度，基于此特征，企业还需充分了解用户的生活方式，从而确保消费者与品牌之间有某种联结。

关联体验模块（RELATE）的实施旨在实现消费者与企业长久积淀的代表性文化建立一种长远的关联。相较于其他四类体验营销模块，关联体验模块是体验之轮的终点，也是对其他四类模块的提炼与升华。消费者与品牌所映射的代表性文化建立关联，即消费者与一类社群或某一种文化产生关联，从而建立起个体对企业或其品牌的信赖，同时让选择该品牌的个体形成一个群体。换言之，关联体验的本质在于通过品牌使个体与他人、群体和整个文化产生关联。因此，提供文化产品及服务的品牌，在这一营销环节还需要考虑到消费者们寻求社会认同的强烈诉求。

三、关于体验矩阵的实施手段——体验工具

每一种体验模块的实现均需借助相应的策略工具，策略工具即体验工具。作为体验矩阵的另一重要构成，实施体验营销的体验媒介共有七类，分别为沟通、视觉与口头识别、产品呈现、共同建立品牌、空间环境、电子媒介与网络以及人员。

沟通指的是企业用来和消费者进行互动的媒介。按照常规定义，沟通的手段涵括了广告宣传、外部层面的公司与社会公众间的沟通、公司内部层面的沟通以及品牌化的公共关系活动。在尚未进入互联网时代前，企业最常用的高效沟通工

具是电视广告，而随着互联网时代的兴盛，企业与公众建立沟通的方式也日益多元化。如今，五花八门的新媒体工具已逐渐替代原有的沟通手段，成为品牌在实施体验营销活动过程中所使用的主流沟通媒介。

　　视觉与口头识别一般包括企业的品牌 Logo、名称及广告语等标识系统。深入人心的品牌视觉与口头识别，在消费者购物决策方面具有积极的指引作用。从视觉识别维度来看，无论是美国快餐品牌麦当劳的金黄色"M"标识，还是高奢时尚品牌香奈儿以创始人之名 Coco 为灵感来源设计的视觉标识，均在消费者的认知中留下了深刻的印象。而从口头识别层面来看，广告语在营销中的作用是显而易见的，当消费者听到"Just do it"（见图 9.1）或者"To be number 1"时，会自然而言地想到耐克及鸿星尔克这两大运动品牌。因此，策划出响亮且朗朗上口的 slogan。也是提供文化产品及服务的企业，在实施体验式营销的过程中不可或缺的核心环节之一。

图 9.1　耐克标识广告图（图片来源：耐克媒体中心公众号）

产品呈现这一体验工具的概念相对来说较为抽象，一般指的是能够代表企业、品牌形象或者企业文化的吉祥物。企业打造吉祥物一方面是为了深化品牌在社会大众心目中的认知；另一方面，对于拉近品牌与消费者之间的情感距离也有着显著的效果。吉祥物早期多运用于国际大型赛事，2008 年北京奥运会的吉祥物"福娃"，已经成为北京奥运的一个重要组成部分，在世界人民心目中留下了深刻且长久的认知。最近 2022 年北京冬奥会及冬残奥会的吉祥物"冰墩墩"（见图 9.2）与"雪容融"，也成功引起了全球观众的瞩目。目前，不少企业也在尝试通过吉祥物以加深品牌与消费者之间的情感联结，例如，世界知名乳业集团蒙牛公司推出了以牛为形象的吉祥物"蒙思壮（Mr Strong）"，在传递企业文化的同时也提升了品牌的亲和力。对于提供文化产品及服务的企业，更应该挖掘自身核心文化元素，并依托这些元素去塑造能够代表品牌的吉祥物形象。

图 9.2　2022 年北京冬奥会及冬残奥会的吉祥物"冰墩墩"

（图片来源：《三联生活周刊》公众号）

共同建立品牌（co-branding）一方面指的是企业对某一赛事或盛会进行赞助合作，这一层面相对容易理解且较为常见，例如，大型品牌通过对全球体育赛事或知名综艺活动进行物资赞助，从而获得冠名权等权益优惠。另一方面指的是品牌与品牌之间所达成的战略合作，双方旨在促成长足的发展。无论是哪一种策略的实施，对于品牌的推广以及消费者体验的营造都有着重要的意义。赞助合作这一方式目前已经广泛运用于各类品牌的营销活动。而品牌与品牌间的战略合作通常以跨界联名为主，在近些年也成了各大品牌竞相采用的营销策略。例如，备受年轻代消费者青睐的休闲奶茶品牌喜茶与运动、游戏、其他饮食等品牌的跨界合作，在为消费者创造惊喜的同时也为品牌进一步积累了潜在的消费群体。

空间环境一般指实体空间，从浅层次来讲，空间环境的塑造在一定程度上为消费者创造了体验氛围。例如，宜家、星巴克（见图 9.3）等部分国际企业的消

图 9.3　星巴克门店（图片来源：福布斯公众号）

费场所的空间环境设计都有其特定的规律，如充分运用"第三空间"原理，使消费者在消费过程中感到舒适愉悦，进而促使其产生消费行为。而从深层次的角度来看，空间环境的设计对于品牌理念的传达也具备显而易见的作用，更容易巩固消费者建立的自身社会认同感。巴伐利亚汽车厂（宝马公司）的德国总部建筑外观以四缸发动机呈现，彰显了宝马这一百年汽车品牌制造工业的发达以及对技术精良的追求，更能为消费者通过追求高品质精致生活而获取认同感提供了素材。

随着互联网时代的到来，电子媒介与网站这一工具也得到了广泛运用。在这一时代背景下，我们的生活方式与消费习惯也发生了巨大的变化，基于这一变化以及新兴技术的加持,企业实施体验式营销也迎来了更多的新机遇。在后疫情时代，消费者的购物方式基本以网络购物为主，在很大程度上，处于购物状态的消费者与企业之间的交流也是通过网络来实现的。同时，互联网技术的发展也拓宽了消费者体验的广度与深度，在购物过程中，消费者可以通过软件或其他技术手段对产品或服务的细节拥有更为直观立体的把控。

人员要素主要包括代表企业或品牌与消费者直接接触的人，且这一接触频率相对而言较高。对于实施体验营销的企业而言，人员的组成包括服务人员、销售人员以及其他可以实施体验营销的相关人员。处于体验经济时代的消费者对人员的要求已不再是简单地发生交易，对人员在整个过程中的积极性、专业性以及是否能为其创造引发情绪变化的体贴性服务也提出了较高的要求。对于提供文化产品及服务的企业，以上对人员提出的全新要求也需要在实施体验营销的过程中被重点考虑。

第二节　体验式营销的模块化打法

熟悉了体验式营销的五大战略体验模块以及实现模块的体验工具后，接下来对于品牌而言，最重要的一步就是将这些工具的用法落到实操的层面。在本书前面的篇幅中也有提到，体验工具的实际用法会随着营销环境的变化而变化，因此，对于将要实施体验式营销的文化类品牌来说，获得一般性、常规性的打法指南更为关键。接下来的内容是围绕提供文化产品及服务的企业如何实现五大类战略体验模块来提出通用性、普适性的路径建议。

一、基于感官体验实现的路径建议

（一）打造彰显形式美的系列视觉呈现

要实现感官体验模块，离不开对视觉这一知觉要素的刺激，因为就知觉器官的信息接受量而言，视觉器官接收的外部信息占据了信息总量的4/5，因此打造具备美感的外在视觉符号对于实施体验感官模块极为重要。对于提供文化产品及服务的企业来说，实施感官体验模块可借助的体验工具有五类，在视觉要素的刺激方面，可运用的工具包括沟通、空间环境、人员与视觉识别要素。运用以上四类体验媒介工具，重在打造彰显形式美的系列视觉呈现。

首先，就沟通体验媒介工具增强视觉形式美感而言，当前的品牌通常以图片、视频等媒介作为产品或服务信息传播的途径。为了增强这些媒介的视觉美感，品牌还需要遵循两个原则，即以不变应万变以及打破墨守成规常态。这两个原则看似矛盾，实则互为补充支持。以不变应万变指的是文化品牌在产品或服务的传播过程中还是要以精良的内容为主，如果没有好的内容做支撑，即便是运用了五花八门的传播形式，也会展现出一种堆砌感，无法有效传达信息。打破墨守成规常态指的是品牌在传播的过程中需要更加注重多元形式的运用，以呈现出新意甚至打造出震撼性的视觉效果。

在网络传播刚刚兴起的时代，不论是传播素材丰富的文化品牌还是其他行业企业，其在网络平台传播的形式更为单一，且更偏向于动态。但是，随着互联网传播技术与工具的日益完善，当前可被运用的传播形式也逐渐丰富了起来。例如，以往的微信公众号传播更多的是静态的图文传播，相较于目前的动图展现、条漫、互动式游戏等形式，它在吸引注意力方面就会逊色很多。对此，文化品牌在产品或服务的传播工作中不仅要提升内容输出的水平，也要依据预算尽可能地去选择效果最佳的传播形式。目前，能做到将内容与形式巧妙融合的各类规模的品牌也有不少，以 2021 年在 B 站火爆流传的一则致敬白衣守护者的沙画作品为例。该视频由一浪文化创作，以沙画形式呈现了一线抗疫医务工作者的点滴付出，尽管只有 3 分钟左右，但视觉上具有强震撼效果，内容上极容易引发受众的情感共鸣，从而产生意犹未尽之感。

其次，就人员和空间环境要素体验媒介的形式美呈现策略而言，品牌可以积极尝试从人员的外在装饰以及空间环境的装饰来入手，通过人员的外在形象以及空间氛围来传递企业的个性与内涵。以这样的方式体现美感已被很多品牌进行了实践，尤其是一些特色餐饮文化品牌。以连锁火锅品牌火凤凰为例，无论是工作人员的着装还是店内空间的装饰，都透露出一种浓烈的 20 世纪独有的粤港风，无形中就会使那些喜好这一文化的消费者置身于其中并为其感觉毫不犹豫地去买单。此外，提到视觉呈现，不仅仅是在谈品牌的 Logo，产品外观对于美感的塑造也极为重要。大部分消费者对于产品的原料构成、成分革新等情况并不会花费很多精力去做深入的分析，而对产品的外观却可以有直观的把握。在"颜值经济"时代，产品外观带来的第一印象也很可能成为驱动消费者决策的主要因素。在速溶咖啡界，近年步入年轻代消费者视野的三顿半成了一匹黑马，在 2021 年的"双十一"和"双十二"购物节，三顿半成了"茶冲调"品牌排行榜上的第一。与众多速溶咖啡品牌以袋装、罐装为主要包装呈现方式不同，三顿半将咖啡粉按量放置于五颜六色呈桶状外形的精美小瓶中，几个小瓶装组成一个套装，品质感及高级感在这一新晋品牌被淋漓尽致地体现了出来。具有形式美感的视觉呈现对于感官体验模块的营造是一个极为重要的要素，提供文化产品及服务的企业在感官体验模块的实施中还应积极打造彰显形式美的系列视觉呈现。

（二）以品牌原型为抓手塑造企业吉祥物

除了强化视觉上的美感，感官体验模块的实施也离不开对产品呈现这一体验工具的运用，依据过往品牌的实践，企业对产品呈现工具的运用体现为打造能够反映品牌文化及价值观的吉祥物。事实上，吉祥物的成功塑造可以在感官层面从很大程度上实现对潜在消费者的吸引，这也很好地解释了为何重大赛事品牌以及产业规模较大的企业非常重视吉祥物的塑造，甚至这一虚拟形象的设置还早于核心业务的开展。吉祥物的塑造还需依托品牌自身积累的丰富文化原材料，而提供文化产品及服务的企业在这一方面恰巧具备优势，在今后的体验式营销实施中还应当充分利用优势打造对经营有正向促进作用的吉祥物形象。

　　关于文化品牌如何去打造自身品牌专属的吉祥物，本书将介绍一种为很多国际知名品牌所运用的方法论，即品牌原型理论。品牌原型理论基于荣格的原型理论，由美国学者玛格丽特·马克和卡罗·S.皮尔森提出。品牌原型理论是原型理论与动机理论的结合体，这一理论提出，有生命力的长寿品牌都是具有明确的人格原型的。以动机理论为依据，玛格丽特·马克和卡罗·S.皮尔森将人的动机总结为独立、征服、稳定、归属四大类，并在此基础上将品牌原型细分为 12 小类。它包括以天真者、探险家和智者为代表的独立动机型原型；以英雄、亡命之徒和魔法师构成的征服型动机原型；以照顾者、创造者和统治者为主的稳定动机型原型；以情人、凡夫俗子和弄臣为代表的归属动机型原型。例如，世界高奢品牌香奈尔可可就运用了以情人为代表的归属动机型原型，享誉全球盛名的快销品牌百事可乐运用了以弄臣为代表的归属动机型原型。关于四大动机以及 12 小类品牌原型，我们不难发现，实践当中的各类品牌很难去界定自身属于哪一动机，尤其是对于那些历经时代变迁的品牌。

　　面对这一现实情形，我们不妨以交叉性的思维去选择吉祥物塑造的人格动机。依照品牌发展的几个阶段，我们可以把它们归类为处于萌芽期的品牌、发展中的品牌、成熟发展的品牌。对于萌芽期的品牌来说，它们的品牌原型可塑性相比于其他两个发展阶段的品牌更强一些。处于这一发展阶段的品牌可以将创始人的风格以及经历、产品或服务的独特用途等元素作为参考，在虚拟形象拟定的过程中具有较高的灵活度，但同时也要确保形象具有正面性。对于发展中以及成熟发展的品牌来说，寻找人格原型过程中的参考要素会相对有局限。以中华老字号品牌为例，品牌的经历将为形象的设置提供更多的思路，由于品牌发展的时间跨度较大，人格动机的交叉性也更为明显。从很多品牌的阅历来看，既体现出了以智者为代表的独立动机型原型，也展现出了以照顾者、创造者和统治者为主的稳定动机型原型，基于这些特征，老字号品牌在当代可以将虚拟形象设置为有活力、阅历丰富、善于沟通的长辈形象。打造吉祥物形象可以激发消费者的感官刺激，这也是这一举措的基本出发点，同时，吉祥物的塑造也将为品牌与消费者进行更深层次的沟通搭建桥梁。因此，文化品牌通过品牌原型理论来为自身寻找定位并确定企业吉祥物的人格形象设置也是极为核心的步骤。

二、基于情感体验实现的路径建议

（一）以多元化情感为出发点的沟通策略实施

在情感体验模块的实施中，沟通同样被视为核心的体验媒介工具，具体运用为通过传播媒介进行内容传播。在互联网、通信技术日益发展的当下，传播媒介格局及矩阵相较于过往有了颠覆性的突破。随着微博、微信、小红书、知乎、抖音、快手等传播媒介的兴起与壮大，企业与大众的沟通渠道也变得越来越多元化与便捷化。但是，无论是在何种传播格局态势下实行情感体验，都应将消费者的多元化情感作为出发点，提供文化产品及服务的企业运用沟通体验工具实施情感体验模块也同样适用。

在具体的实践中，如何充分把握消费者的多元化情感，本书将提供两点引导。首先，由于消费者的情感情绪因性别、身份、年龄、职业等因素的不同而呈现出了复杂性，品牌应对其既定消费者以及潜在消费者的情感情绪按照年龄段、职业划分、性别归属、身份类型等因素进行具体的细化。这一项工作看似烦琐，但是对于品牌实施精准的体验式营销不可或缺。同一性别群体的消费者因所处的年龄段的不同，也会产生情感诉求的差异，而处于同一年龄段的消费者也会因为职业、身份的差异，而拥有大相径庭的情感寄托。其实这一点非常地容易理解，以男性消费群体为例，在成年以及青壮年阶段，获得事业的进展在其诉求中占据了较大比例。而随着年龄的增长，他们的期待也发生了较大的变化，更多的人将稳定的生活、健康的体魄作为主要的期待。而对于年龄相仿的群体来说，从事科研、咨询、技术等职业的人群一般会比文艺创作从业者的情感更偏向于理性。

其次，根据各类消费者间的情绪差异，品牌应在沟通方面打造与之相应的差异化传播内容，并依据各类传播媒介的受众群体差异实行针对性的媒介投放策略，以此确保不同情绪的消费者群体受到了与之相应的正向积极的情感刺激。将 20~30 岁的青年人群与 60~70 岁的中老年人群形成对照，处于 20~30 岁的人群面临着更多来自职业规划、情感纠葛的困扰，因此也更容易出现迷茫徘徊这一情绪。针对这一群体的普遍情绪，文化品牌可以选择将正向积极的内容作为核心沟通对策。例如，消费者以年轻女性为主的品牌，可围绕这一年龄段女性面临的职场、情感、家庭方面的迷茫，打造具有正面激励作用的广告视频，并依据这一群体的媒介使用现状，投放至高频使用的微博、抖音、小红书平台。这是因为相较于快手及微信等媒介，微博及抖音在女性及年轻人群体方面拥有更大的占比及更多的人数。对于 60~70 岁的中老年人群，他们基本步入了退休生活，在享受安详自在的生活状态时，偶尔也会对自我价值产生怀疑，由此产生了区别于青年群体的另一种焦虑。针对这一现象，那些以中老年群体为消费者主体的品牌，可以将引导老年人重新找到自我价值并获得自我认同作为沟通的出发点，并将基于这一沟通方向产出的内容投放于微信公众号、快手等平台。无论是针对哪一个群体的沟通内容的制定，都需要注意不要触碰法律及道德的底线，更不要涉及当前社会层面的敏感话题，否则很可能出现功亏一篑、适得其反的结果。

（二）调动人员在情绪激发过程中的能动性

除了沟通体验媒介的运用，人员要素是企业在实施情感体验模块过程中的另一类有效抓手。由于人员与体验营销的实施对象消费者的接触更为密切且频率较高，人员在参与情感体验模块的实施中发挥了不可小视的作用，因此，提供文化产品及服务的企业，在情感体验的打造中应充分调动人员在情绪激发过程中的能动性。这一能动性具体体现在三个方面，即人员服务的专业性，与消费者沟通交流中的积极性，以及为消费者提供服务的体贴性。

首先，就人员服务的专业性而言，企业人员尤其是门店服务人员在其向消费者提供服务的过程中应充分体现专业性，不仅要打造一套标准的话术表达以为消费者输出有效的咨询回答，同时也要培训服务人员熟练掌握实践操作的流程。为消费者提供专业性的服务，在很大程度上将会激发其内心的满意度，并提升其内心的愉悦度。尽管标准性的话术听起来非常通俗易懂，但是在制定的过程中也需凝结来自众多专业从业人员的智慧。符合逻辑且专业的服务人员话术表达，在很大程度上将提升品牌在消费者心目中的信任感。在这一方面，来自日本的生活服饰品牌优衣库就起到了很好的借鉴作用。优衣库不仅制定了适用于全球员工的话术手册，并对各层级员工对话术的把握定期进行严格的考核。因此，优衣库成为服务业教科书式的典范也不足为奇。

其次，就服务人员与消费者沟通交流的积极性而言，品牌应在日常运营中重视培养服务人员在迎客、待客、送客等环节的礼仪风尚，这一礼仪风尚既包括服务人员的表情显露范式，也包括其在问候顾客方面的话术表达等要素。把握好服务过程的礼仪风尚，也从侧面反映了服务人员与消费者沟通交流的积极性，这一行动上的积极性对于调动消费者内心的积极性极为重要。同时，积极性也体现为服务人员对消费者突发状况的应对，在特殊情况发生时，工作人员袖手旁观、事不关己的态度最为忌讳。在非常规状态下，工作人员首先要做的应该是运用自身所长积极应对，并及时请示相关管理人员，促使事态趋向于平稳。

最后，就服务人员为消费者所提供服务的体贴性而言，文化品牌可利用属于消费者的特殊日期，通过人员实施体贴性的服务。例如，在消费者生日或者其他纪念日亲自为其送上祝福信息或者专属纪念品。通过此类体贴性的服务，一方面使得消费者内心深切感受到来自企业方面的温馨关怀，无形中会对这一品牌或企业给予更多的正面评价，使得品牌或企业在消费者心智层面的占位也获得了提升。另一方面，这样的积极评价也具有延续性，会驱动消费者未来的消费选择，甚至激发他们面向身边人群的分享欲，品牌也拥有了开辟潜在消费者群体的机遇。

三、基于思考体验实现的路径建议

（一）实施促发正向思考的品牌跨界合作

对于实施思考体验模块的企业来说，共同建立品牌即品牌跨界合作，对于促发消费者的正向思考不失为一种行之有效的策略。因为选择恰当的合作品牌，在很大程度上将会引发消费者对自身品牌的积极思考，而体验思考模块实施的主旨就在于引导消费者对品牌的正面思考。因此，提供文化产品及服务的企业在竞争态势严峻的当下，借助品牌跨界合作这一体验营销媒介工具显现出了一定的必要性。

如今，跨界联名在品牌运营中并不陌生。但是，在使用这一体验工具时也应当把握好尺度。具体来说，品牌在品牌跨界合作这一策略的运用上，应遵循两个原则，其中一个原则是高名誉度；另外一个则是新奇性。

首先，就高名誉度而言，品牌在跨界合作中，应选择在其他业态中享有盛誉的品牌，因为在品牌的跨界合作中，对联名双方名声地位的一致性较为强调，例如，至今已经过数百年文化积淀，且声誉保持良好的品牌就完全符合高声誉这一要求。通过与高名誉度的其他行业品牌实行跨界合作，可以凭借合作品牌在更广泛的消费者群体的心智中有高占有率，消费者会在潜意识中增进对自我选择的自信感，从而间接赢得自身品牌消费者的高认可度及满意度。

其次，在满足了合作品牌具备高名誉度的基础上，还应当遵循新奇性原则。新奇性一方面应当体现在文化品牌与合作品牌之间调性的差异性，由差异性而产生的新奇性将会促发消费者的正向思考。另一方面，与合作品牌的跨界联名产出应具有吸引消费者注意力的爆款效果，通过这一新奇性产出来深化消费者对其品牌的积极肯定。与此同时，不得不强调的一点是，追求新奇性的同时也要考虑行为的合理性。例如，大众对饮食行业品牌与鞋业品牌实行的跨界联名活动的接受度就会下降很多，即便是两大知名品牌的携手，也会因对象选择的不恰当而错失斩获目标消费群体芳心的机会。

因此，企业在运用品牌跨界合作这一体验营销媒介，以打造思考体验营销的过程中，应充分遵循高名誉度以及新奇性原则，且要考虑到这两大原则相辅相成，避免在实际操作中将其分割开来。

（二）线上运营环节重视激发消费者思考

除了借助品牌跨界合作这一体验媒介工具以引导消费者的正向思考外，电子媒介与网络这一媒介工具在落实思考体验模块中具有着同样的效果。在互联网经济时代，企业相继通过运用网络工具来实施营销，电子媒介与网络媒介工具在这一背景下也可被延伸理解为实施线上运营。基于这一营销态势，提供文化产品及服务的企业，应当在线上运营环节中对激发消费者的思考给予重视。

品牌在引导消费者进行正向思考的线上运营环节中，可采用的具体策略有两类，一类可被归纳总结为"出其不意式"策略；另一类可被归结为"兴趣激发式"策略。

关于"出其不意式"策略的实施，品牌可以在消费者于线上进行 B2C 或 O2O 消费的过程中制造随机的惊喜，例如，为消费者提供随机附赠，在消费者结账时给予随机的金额减少或者折扣，抑或是在消费者于线上下单后在线下实体店进行体验时，在其不知情的情况下为他们提供额外的产品或服务赠送。事实上，这一做法已被不少品牌运用，尤其是在后疫情时代。为了让消费者在更深层次感到惊喜，并将惊喜转化为未来实际的消费行为，本书更推崇的一种实操行为就是选择品牌代言人去散播惊喜，在粉丝经济时代，消费者们对来自偶像的福利会更加"买账"。同时，这一举措背后的成本也是企业必须考虑的因素，具体实践中还应根据预算量力而行。通过"出其不意式"策略的运用，消费者在潜移默化中也开始了对企业的积极思考。

关于"兴趣激发式"策略的实施，品牌可以尝试将节庆文化与消费者购物行动相结合，打造彰显自身品牌文化的网络购物节，以此来迎合当下消费者热衷于购物节采购的特征。同时，品牌也需要融入品牌自身的更多故事情节，从而提升对消费者的吸引力，以及更进一步触动消费者的心灵深层。归根结底，这一策略实施的基础在于正确把握了当代消费者的购物兴趣点，因此能够在很大程度上激发消费者自发主动式的积极思考。

综上所述，品牌在线上运营环节中，实施"出其不意式"策略以及"兴趣激发式"策略，对于促使消费者激发正向思考方面具有可借鉴的价值，提供文化产品及服务的企业在实操过程中也应当积极尝试。

四、基于行动体验实现的路径建议

（一）代言人参与沟通以引导受众生活方式的选择

引导受众的生活方式选择是行动体验模块实施的要旨之一，而这一目标的实现有赖于沟通这一体验媒介工具的运用。在粉丝经济盛行以及新生代年轻消费者重视意见领袖的大背景下，沟通媒介的实施可以尝试借助代言人这一外部力量得以完成。与农业经济时代、工业经济时代、服务业经济时代的消费者有所不同，当前体验经济时代的消费者，在其生活方式的选择方面受到的影响与启示，更多来源于企业品牌的代言人。在当前语境下，这一代言人既包括与品牌方合作的代言人，也包括在互联网媒体生态中凭借自身专长而占据一定席位的关键意见领袖KOL，而来自品牌方、传统媒体层面的宣传说教，对于当代消费者而言，已逐渐失去了吸引力。因此，品牌在引导消费者进行生活方式选择的过程中，可以考虑借助代言人力量来完成沟通体验媒介工具的实施。

关于代言人的选择，应当从消费者类型及自身文化特质两个角度来考量。就消费者类型而言，由于提供文化产品及服务的企业在行业类别归属上存在差异，因此它们的主要消费群体在占比方面也具有明显的不同。尽管当前流量明星成为各大品牌竞相签约的对象，但是若想获得更为理想的效果，在代言人的选择上还应当以消费者的类型作为重要的考量。无论是以青年人还是以中老年人为消费者主体构成的文化品牌，在代言人的选择上，都应尽可能倾向于与核心受众处于同年龄段、拥有类似经历、甚至在性格方面也拥有相近之处的意见领袖。这是品牌需要着重去思考的一点，切不可脱离具体的受众需求而单纯考虑流量与数据。此外，从自身文化特质层面来考量，在代言人类型满足主要消费群体喜好的基础上，品牌应以自身文化特质为依据进行进一步的筛选，以确保代言人人设的气质特征与企业的文化特质具备高度的一致性。

（二）借助技术以强化消费者的行动体验代入感

在行动体验模块的实施中，电子媒介与网络这一体验媒介工具不仅可以引导消费者确立及改变其生活方式，在很大程度上还可以增强消费者在消费体验活动中的融入感与代入感。电子媒介与网络这一体验媒介置于当前语义下，可被理解为对互联网等科学技术的运用。为了促使消费者选择品牌所倡导的生活方式，以及在消费过程中实现融入式的互动，提供文化产品及服务的企业，应当充分借助科学技术以强化消费者的行动体验代入感。关于强化消费者的融入感与代入感，既可以在消费者的购物环节，运用新兴技术以促使消费者在潜移默化中确立或按照企业所传达的理念，改变自身的生活方式，也可以通过科学技术手段，为消费者提供娱乐消遣的途径，以此促发消费者的生活方式确立。

就购物环节运用新兴技术而言，可以借助当下较为热门的虚拟现实技术或增强现实技术，在消费者的购物环节中，使其更为直观地感受产品或服务的质地细节、工艺流程以及使用效果，进而提升消费者在感受品牌所倡导的生活方式上的融入感。在后疫情时代，消费者的购物行为发生了极大的变化，这一举措在今后也会聚焦更多的关注度与热度。此外，就为消费者提供娱乐消遣的途径来说，可以通过打造以其所倡导的生活理念为出发点的手游及小程序游戏应用等娱乐手段，为消费者创造融入品牌所独创的生活方式的体验机会，消费者进而在发自内心的选择的基础上，重新确立贯穿于未来的长期生活方式行为。在小游戏的设置上，文化品牌也可以积极尝试落地元宇宙概念，同时将这一新兴概念与自身的品牌文化故事相结合，从而进一步巩固消费者的身临其境的感觉。

（三）发挥人员的"桥梁"功能以提升受众的行动积极性

人员这一体验媒介工具的运用，对于行动体验模块的实施效果而言，具有至关重要的意义。人员之于消费者来说，在生活方式理念的传递上，扮演着沟通桥梁的角色，人员在生活理念的传递方面如果可以发挥正面效应，消费者在很大程度上将会重塑其生活方式；反之则亦然。人是文化传播的最佳媒介，对于大部分提供文化产品及服务的品牌而言，人员是与其目标消费者接触频率最高的人群，这类品牌很有必要通过发挥人员的"桥梁"功能，来提升消费群体的行动积极性。为了充分发挥人员的"桥梁"功能，品牌可以将实施整个行动体验营销的过程视为一场演出，而人员在这一过程中充当着演员的角色，人员通过将品牌企业推崇的生活方式，以独特的方式向目标消费者进行演绎，从而激发消费者对其生活方式的重新思考及再度塑造。

在此方面，本书建议文化品牌可以将还原历史文化情景作为演出的主题，在这一场演出中，作为"演员"的人员将会以特定的风貌与行为向消费者展示这一主题下的生活方式。例如，人员的穿着在这一氛围下应与主题相应景，而人员在这一过程中与消费者的沟通方式与行为表现，也应当与其所还原的历史场景相照应。通过人员在这一过程中的沟通演绎功能的发挥，消费者在很大程度上也全面、充分、详尽地感受了属于品牌所创造的生活方式的过程，在此基础上对其生活方式进行再度思考以及主动塑造。人员通过发挥"桥梁"功能，在调动消费者思考及重塑生活方式的行动上，发挥着重要的作用，因此品牌企业应当重视人员在每一特定文化场景下的"桥梁"功能的发挥。

五、基于关联体验实现的路径建议

（一）以跨界合作方式为企业代表性文化提供认同背书

关联体验模块的实施，在于引导消费者与企业所具备的代表性文化，建立一种自发主动的关联，且这一关联会使得消费者产生自豪感以及自我认同感。在关联体验模块的实施中，跨界合作也是与之相适应的一种行之有效的体验媒介工具策略。通过与其他门类知名品牌的合作，可以在很大程度上增加消费者对自身青睐品牌的认可度，这一认可在一定程度上也会转嫁至自身。因此，品牌企业在引导消费者对其代表性文化产生认同的过程中，应当积极尝试采用跨界合作的方式，对其代表性文化进行广泛的散播。

品牌在通过跨界合作方式，为自身代表性文化提供认同背书的过程中，应当确保合作品牌的高声量，以及合作品牌文化与其存在的相通性。就合作品牌的声量而言，寻求与高声量品牌进行合作，是引发消费者对其文化建立认同的一种保障。具备高声量的品牌，凭借其可信赖的品质，以及深得人心的品牌文化理念，在社会上积累了广泛的受众群体，与这一类品牌实施跨界合作，将会在很大程度上获得这一品牌受众群体对品牌的代表性文化的认可与支持。在确保了合作品牌拥有高声量的基础上，还应确保合作品牌文化与其代表性文化具备相通性，在品牌文化层面上所具备的相通性，将会更有益于双方消费者在感性层面引发共鸣，一旦这一共鸣得以形成，其代表性文化也会被更广泛的消费者群体所认可。因此，品牌企业在实施跨界合作的过程中，应对合作品牌的声量以及文化相通程度给予充分的重视，从而确保为企业的代表性文化赢得更为广泛的认同，以此实现关联体验的营造。

（二）借力空间运用提升消费者对代表性文化的青睐度

除了跨界合作这一体验营销媒介工具，企业在实施关联体验模块的过程中，还应当充分借力空间的运用，通过在空间运用中融入其代表性文化，并以此提升消费者对这一文化的青睐度，以及实现关联体验的有效营造。目前，很多文化品牌不仅拥有较为充足的实体空间，而且其所拥有的代表性文化，在当今仍具备较强的传递价值与空间。因此，品牌具备以空间运用提升消费者对代表性文化的青睐度的充分条件。

为了实现消费者与品牌或企业代表性文化的关联建立，品牌在空间的运用上一方面应以代表性文化为轴以拓展空间的多元性运用；另一方面，应该在空间的内部业态运用上寻求代表性文化与流行文化的联结点。首先，就以代表性文化为轴拓展空间的多元性运用这一点而言，应打破以往空间单一的销售功能，在空间的运用方面与静态展览、消费者体验、快闪场所、密室逃脱、剧本杀等元素相结合，通过融入企业代表性文化的空间多元运用，使得这一文化的受众随之增长，受众因这一文化的多元空间呈现也会随之而提升好感度。例如，主打民国风的空间环境，与那些以民国年间事迹为主题的剧本杀或密室逃脱有较高的匹配度，如今，也已有将二者做到恰当融合的品牌实践。位于北京市密云县的张裕爱斐堡酒庄的室内外场地，就与剧本杀游戏《76 号特工》做到了紧密的结合，在民国风的场地融入同时代发生的重大历史事件，并在游戏情节中添加与酒庄文化相关的细节，剧本杀游戏中的主角们通过身临其境，在摸索游戏玩法的同时，也潜移默化地接受了酒庄文化的熏陶。

就建立代表性文化与流行文化的联结点而言，品牌企业应当积极寻求二者的联结，并将这一联结通过空间的业态运用得以展现。例如，一些老字号茶饮品牌的文化，就与当今较为流行的养生文化或休闲饮食文化存在着明显的联结点，这一联结点可以通过空间的业态创新得以呈现，如基于茶饮文化的老字号养生文化体验馆空间等。文化联结点施加于空间的运用，对于吸引不同文化圈层的消费群体具有明显的效果，因此，品牌企业在关联体验的营造中，应积极借力空间运用以提升消费者对代表性文化的青睐度。

后　记

　　在经济社会及科学技术高速发展的当代体验经济在文化艺术领域生根发芽并引发剧烈变革，文化产品与服务迭代、文化消费与市场升级，公众对文化体验的品质需求也是水涨船高。2019 年，本书的研究团队开始围绕"文化体验"这个选题开展相关研究，从"需求端"观察到"供给端"研究，探索文化产品与服务在设计和营销两个维度的体验式转变方略。

　　本书的每个章节背后都有对应选题的专门研究作为支撑，拥有共同志趣，有专研、有协同。

　　第二章为文化产品思维变革。丁丽慧长期致力于品牌传播事业，撰写品牌思维部分轻车熟路；夏倩雪专攻跨界思维部分，她在文化资源与"潮玩"产业结合方面有较多思考；张悠悠、王泳薇负责交互思维部分，张悠悠专注于博物馆 IP 设计与经营的研究，王泳薇则将更多的视野投向"元宇宙"等新概念的跨界研究；彭颖研究分众思维，她在文化旅游业方面的持续积累培养了以用户为中心的理性思维。

　　第三章为文化服务思维变革。张依宁、苗旭协同完成了场景思维部分，张依宁在城市文化综合体等文化空间研究方面投入了很大精力，苗旭则偏好于博物馆文创产品的开发与营销；赖再博、李晨晨以舞台思维为研究重点，也是基于赖再博对表演性短视频内容创作颇有研究，李晨晨则对"前台—后台理论"、网络直播带货等做了诸多研究；卢可飞、韦布花负责游戏化思维部分，卢可飞专门对盲盒产业做了游戏化设计视角的专题研究，韦布花则对传统手工艺的当代活化很有研究；戴骊颖和庄璐协同完成了平台思维部分，戴骊颖具有较好的艺术管理学科理论基础，对历史街区的更新有较多研究，庄璐则有一些媒体传播个案研究与实践的经验。

第四至第六章围绕"文化体验设计"，由付茜主要负责。付茜是历史学出身，同时又对新兴事物充满涉猎的热情和独到的眼光，对手作产品、艺术展览等文化体验有过持续的个案观察与研究积累，并结合"产消合一"模式做过传统工艺消费模式创新的专题研究。

第七至第九章聚焦于"文化体验营销"，由张天慧主要负责。张天慧具有很好的文化产业管理专业功底，熟谙文化市场营销、文化资源创新利用，围绕文化体验营销这个专题，对体验矩阵理论等分析工具做了大量外文资料的翻译，使得个案研究有了框架指引，也曾经基于这一理论做过老字号的体验式营销路径研究。

回顾本书的撰写背景，尤其要感谢中国传媒大学，感谢文化产业管理学院，感谢业内外朋友对我们非遗传播研究中心的大力支持，海纳江河，协力同心……

最后要感谢读者，期望能够与您有更多共鸣。

参 考 文 献

[1] Pine B J, Gilmore J H. Welcome to the Experience Economy[J]. Harvard Business Review, 1998, 76（4）: 97-105.

[2] Pine B J, Gilmore J H. The Roles of the Chief Experience Officer[J]. https: //strategichorizons.com/the-roles-of-the-chief-experience-officer/.

[3] 蒋钰香, 彭玉婷, 肖宇欣. 基于 IP 储备与联名的泡泡玛特发展优化研究 [J]. 商场现代化, 2021（19）: 21-23.

[4] 李君. 艺术品产业与新兴文化产业的跨界融合发展问题研究 [J]. 山西财经大学学报, 2016, 38（S1）: 49-52.

[5] 王少彤. 品牌与艺术跨界合作现象的研究 [D]. 上海: 东华大学, 2016.

[6] 李凤亮, 宗祖盼. 跨界融合: 文化产业的创新发展之路 [J]. 天津社会科学, 2015（3）: 49-53.

[7] 陆扬. 费瑟斯通论日常生活审美化 [J]. 文艺研究, 2009（11）: 18-26.

[8] 厉无畏, 蒋莉莉. 发展创意产业 解放文化生产力 [J]. 毛泽东邓小平理论研究, 2008（5）: 1-6+84.

[9] 阿尔文·托夫勒. 未来的冲击 [M]. 北京: 中信出版社, 2006.

[10] 黄永林. 数字经济时代文化消费的特征与升级 [J]. 人民论坛, 2022（9）: 116-121.

[11] 曾祥敏, 杨丽萍. 论媒体融合纵深发展 "合" 的本质与 "分" 的策略——差异化竞争、专业化生产、分众化传播 [J]. 现代出版, 2020（4）: 32-40.

[12] 杨一铎, 黄文. 全面分众化时代的来临——网络媒体前景展望 [J]. 编辑之友, 2013（2）: 101-103. DOI:10.13786/j.cnki.cn14-1066/g2.2013.02.013.

[13] 刘晓欣. 数字经济时代的消费新趋势 [J]. 国家治理, 2021（24）: 16-18.DOI:10.16619/j.cnki.cn10-1264/d.2021.24.004.

[14] 巨量算数 & 创业邦. 2021 中国泛知识付费行业报告 [EB/OL].（2021-12-07）[2022-04-23]. https://trendinsight.oceanengine.com/arithmetic-report/detail/517.

[15] 京东消费及产业发展研究院. 高质量驱动发展——2021 年消费现象及产业洞察报告 [EB/OL].（2021-12-31）[2022-4-23]. https://mp.weixin.qq.com/s/jQF0Age098aTqqqbK1pjNQ.

[16] 张剑文，杨大禹."前台—后台理论"在传统村镇保护更新中的运用 [J]. 南方建筑，2015（3）：65-70.

[17] 杨振之.前台、帷幕、后台——民族文化保护与旅游开发的新模式探索 [J]. 民族研究，2006（2）：39-46+108.

[18] 李昕.浅论后台内容前台化 [J]. 新闻研究导刊，2021，12（1）：78-79.

[19] 文化创意产品（十三）——体验和体验经济 [EB/OL].（2022-02-14）[2022-04-17].https://zhuanlan.zhihu.com/p/364207319.

[20] 潘源.剧本杀游戏：沉浸式体验中的空间叙事、身体感知与社交互动 [J]. 声屏世界，2021（10）：96-98.

[21] 许枫叶.基于文化产业化的自我表达需求 [J]. 重庆科技学院学报（社会科学版），2008（5）：161-163.

[22] 胡华成.游戏化营销：用游戏化思维做营销 [M]. 北京：电子工业出版社，2019：4.

[23] 郑晶.游戏型教育模式构建在博物馆中的应用探索——以青少年互动体验展"大明都水监之运河迷踪"为例 [J]. 东南文化，2021（3）：161-166.

[24] 洪柳，郭佳逸，葛仕钧.心流理论与用户体验设计 [J]. 艺术与设计（理论），2009（3）：178-180.

[25] 潘晶.浅谈游戏化思维方式在体验性展示设计中的应用 [J]. 美术研究，2020（2）：116-118.

[26] 简·麦戈尼格尔.游戏改变世界：游戏化如何让现实变得更美好 [M]. 闾佳，译.杭州：浙江人民出版社，2013.

[27] 曹轶臻，张生言，谌平.城市公共文化云平台建设 [M]. 北京：中国传媒大学出版社，2018.

[28] 文化和旅游部全国公共文化发展中心.公共数字文化创新服务案例选编 [M]. 北京：北京师范大学出版社，2019.

[29] 王少峰.公共政策与文化空间 [M]. 北京：学苑出版社，2007.

[30] 曾日东.西安"互联网+公共文化服务"供给平台优化研究 [D]. 长安大学，2019.

[31] 李娟.公共文化服务水平综合评价与提升路径研究 [D]. 天津大学，2015.

[32] 吴正泓.社会力量参与公共文化服务供给模式研究 [D]. 天津大学，2018.

[33] 张海涛.借助数字化提升公共文化服务水平 [J]. 人民论坛，2018（29）：134-135.

[34] 王篆.互联网视域下公共文化服务发展的新趋势 [J]. 人文天下，2016（21）：28-31.

[35] 刘敏."互联网+"助推公共文化服务供给转变 [J]. 中国国情国力，2016（12）：40-42.

[36] 刘彤，王雪梅.推动"云平台"建设实现公共文化服务转型 [N]. 四川日报，2016-05-03（6）.

[37] 刘伟，邱晶晶，朱亚铭，王琳琳."八大平台"构筑公共文化服务体系 [N]. 深圳特区报，2007-07-16（A16）.

[38] 赵继新，楚江江.北京文化创意产业公共服务平台构建研究 [J]. 北方工业大学学报，2011，23（2）：1-7+18.

[39] 王彬. 在实践中寻求正确"打开方式"[N]. 中国文化报，2021-12-06（3）.

[40] 郭寅曼，季铁，闵晓蕾. 文化大数据公共服务平台的可及性交互设计研究 [J]. 艺术设计研究，2021（5）：50-57.

[41] 王全吉. 公共文化服务体验师：优化公共文化服务、提高公众文化获得感的创新举措 [N]. 中国文化报，2022-04-19（6）.

[42] 兰玉琪，刘湃. 基于用户体验的交互产品情感化研究 [J]. 包装工程，2019，40（12）：23-28.

[43] 白雪. 数字化技术在博物馆展示陈列中的应用 [D]. 内蒙古大学，2017.

[44] 聚辉触控. 5G 时代的博物馆，让文化沉淀于心. [EB/OL]（2020-10-08）[2022-04-15]. https://zhuanlan.zhihu.com/p/262997325.

[45] B. 约瑟夫·派恩（B Joseph Pine），詹姆斯·H. 吉尔摩（James H Gilmore）. 体验经济 [M]. 毕崇毅，译. 北京：机械工业出版社，2012.

[46] 迈克尔·所罗门（Michael R Solomon）. 消费者行为学 [M]. 卢泰宏，杨晓燕，译. 中国人民大学出版社，2014.

[47] 中国互联网络信息中心. 第 49 次中国互联网络发展状况统计报告 [R]. 中国互联网络信息中心，2022-02.

[48] 杰克迪什 N. 谢斯(Jagdish N Sheth),本瓦利·米托(Banwari Mittal).消费者行为学——管理视角 [M]. 罗立彬，译. 北京：机械工业出版社，2004.

[49] 克里斯·安德森. 创客：新工业革命 [M]. 萧潇，译. 北京：中信出版社，2015.

[50] 阿尔文·托夫勒. 财富的革命 [M]. 吴文忠等，译. 北京：中信出版社，2006.

[51] 阿尔文·托夫勒. 第三次浪潮 [M]. 黄明坚，译. 北京：生活·读书·新知三联书店，1983.

[52] 张成渝. 国内外世界遗产原真性与完整性研究综述 [J]. 东南文化，2010（4）：30-37.

[53] 赵强. "物"的崛起：前现代晚期的生活时尚与"生活美学"[M]. 北京：商务印书馆，2016：93.

[54] 宋贺. 大规模单件定制化生产模式研究 [D]. 河北大学，2017.

[55] 汪秀英. 基于体验经济的消费者行为模式研究 [D]. 大连理工大学，2010.